BIENVENUE À MADRID !

Effervescente et festive, Madrid est une ville à vivre ! Les Madrilènes en sont l'expression joyeuse et sonore, qui arpentent en d'interminables boucles les ruelles sinueuses reliant la magistrale Plaza Mayor, la romantique Plaza de Santa Ana, la frénétique Puerta del Sol ou la monumentale Gran Vía. Des Madrilènes qui semblent ne jamais dormir... Il suffit pour le constater de pousser la porte d'un des innombrables bars à tapas de la Cava Baja, des clubs et des cabarets du dynamique quartier de Lavapiés, ou encore des bars tendance de Chueca et de Malasaña. Avant de déguster les salvateurs *churros* au petit matin !

Moins en vue que Barcelone et moins touristique que Séville, Madrid cache jalousement ses trésors, comme le Prado, le Thyssen ou le Reina Sofía, fabuleux musées jalonnant le solennel Paseo del Arte, ou encore le majestueux Palacio Real. Au sud se déploient les rives aménagées du Madrid Río, tandis que le grand centre culturel Matadero célèbre l'art contemporain.

Capitale d'un pays aux régionalismes forts, Madrid en concentre à elle seule tous les charmes et les paradoxes, à la fois ancrée dans la tradition et toujours en mouvement. Alors, flamenco traditionnel ou créatif ? Tapas rustiques ou gastronomiques ? Art classique ou alternatif ? Placette quasi villageoise ou architecture d'avant-garde ? Avec Cartoville, la ville s'ouvre à vous !

SOMMAIRE

Les incontournables

✪ Plaza Mayor

Rendez-vous avec l'histoire

LA PLACE (**A** D3)
Cette "Grand-Place" est le cœur du Madrid historique : un rectangle de 129 m sur 94, entièrement piéton, fermé par des immeubles d'habitation de trois étages que ponctuent quelque **237 balcons**. Bordant l'esplanade, une longue enfilade d'**arcades** abrite restaurants et commerces traditionnels. Neuf **arches d'accès** ouvrent sur les rues alentour, certaines donnant sur des escaliers qui permettent de compenser un dénivelé prononcé. L'architecture sobre de la place conserve, malgré plusieurs reconstructions au fil des siècles, l'esprit dans lequel elle fut conçue. Quel contraste avec la foule de touristes et de Madrilènes qui peuplent les terrasses des cafés ou s'attardent devant le spectacle des artistes de rue ! C'est que la Plaza Mayor est resté un des lieux les plus fréquentés de la capitale. Le dimanche matin, les amateurs de timbres et de monnaies chinent sous les arcades et, à Noël, tout Madrid accourt acheter décorations et santons au **marché traditionnel** qui envahit les pavés. Mais c'est lors des concerts des **fêtes de San Isidro** (15 mai) que la place s'enflamme !

Histoire
Une place, appelée "del Arrabal" ("du faubourg") existait déjà ici au XVIe s. Située extra-muros, elle accueillait le principal marché de la ville. En 1580, alors que Madrid venait d'être choisie comme résidence de la Cour par Philippe II, celui-ci commanda à l'architecte **Juan de Herrera** – dont le style austère (baptisé "*herreriano*") a marqué son époque – d'aménager cet espace public. Ce fut finalement **Juan Gómez de Mora** qui acheva les travaux, sous le règne de Philippe III (sa statue équestre trône aujourd'hui au centre de la place). Inaugurée en grande pompe en 1620 à l'occasion de la **sanctification d'Isidro**, saint patron de la ville, la Plaza Mayor devint immédiatement le symbole de cette nouvelle Madrid, capitale du royaume. Elle servait de cadre aux représentations théâtrales, aux corridas, mais aussi aux autodafés et aux exécutions… Tout cela est gravé dans les quatre bancs circulaires placés à chaque coin de la place. Mais voilà, la Plaza Mayor telle qu'on la connaît aujourd'hui ne date que du XVIIIe s. : dévastée par un incendie, elle fut reconstruite par **Juan de Villanueva** (l'architecte du Prado), qui ferma tous les accès par des arches et abaissa de deux étages la hauteur des bâtiments. Le réaménagement fut finalisé en 1854.

Architecture
Côté nord, la **Casa de la Panadería** (1590) serait la construction la plus ancienne. Avec ses deux tours, elle servit de modèle aux autres bâtiments. Son nom fait référence à la confrérie des boulangers, dont le siège se trouvait ici. Arborant l'écusson de Charles II, sa façade est ornée de fresques mythologiques peintes en 1992, où l'on distingue la déesse Cybèle, si chère aux Madrilènes. L'édifice héberge de nos jours l'office de tourisme. En face, de l'autre côté de la place, une autre *casa*, celle de la **Carnicería** ("de la boucherie"), fournissait en viande les étals du marché. À l'angle sud-ouest, un passage ouvre sur un escalier qui débouche, à travers le pittoresque **Arco de Cuchilleros** ("arche des couteliers", car ils y vendaient jadis leurs produits, à côté des bouchers), sur la Calle de la Cava de San Miguel. Cette dénivellation est visible dans les hauts immeubles de cette rue qui, en véritables contreforts, tiennent de leurs façades inclinées le poids de ce côté de la place !

✪ Palacio Real

Symbole de la monarchie espagnole

Le palais (**A** A1)

→ *C/Bailén Tél. 914 54 88 00 www.patrimonionacional.es Tlj. 10h-19h (17h oct.-mars) Tarif 11€*

C'est ici que tout commença. Le Palais royal occupe en effet l'emplacement de l'ancienne forteresse, ou ***alcázar***, fondée par les Arabes au IXe s. et noyau du développement urbain de Madrid ("Mayrit" à l'époque). Après la Reconquista, cette première construction fut progressivement transformée par les rois de Castille en résidence royale. Elle retrouva son rôle politique une fois Madrid devenue capitale du royaume sous Philippe II, en 1561. La nuit de Noël 1734, le vieil *alcázar* disparut dans un incendie. **Philippe V**, premier monarque de la maison des Bourbons en Espagne, décida alors de faire construire un nouveau palais, digne de la Cour espagnole. Il confia le projet aux architectes italiens Filippo Juvarra et Giovanni Battista Sacchetti. Ce sera pourtant un autre Italien, **Francesco Sabatini**, qui achèvera la construction presque trente ans plus tard, en 1764, sous le règne de Charles III. Cet étalement dans le temps explique le mélange de **baroque tardif** et de **néoclassique** qui caractérise ce bâtiment pourtant compact. L'usage du Palacio Real n'est plus aujourd'hui que protocolaire, la famille royale résidant au palais de la Zarzuela, en banlieue de Madrid.

Extérieur

La visite commence par la **place d'Armes**, où se déroulent les relèves solennelles de la garde (le premier mercredi du mois à 12h). La façade principale du palais révèle l'esprit baroque des premières années de construction. À voir en ressortant de la visite, côté est, sur la place d'Armes, la **Real Botica**, reconstitution de la vieille pharmacie qui fournissait en médicaments la famille royale. Le musée de la **Real Armería** (Armurerie royale), quant à lui, présente des pièces historiques, telles les armes de Charles Quint ou l'épée du conquistador Francisco Pizarro.

Grand Escalier et salons d'apparat

Le **Grand Escalier**, couvert de fresques de Corrado Giaquinto, mène aux appartements royaux créés par Charles III. Le **salon des Hallebardiers**, dont le plafond est décoré de fresques de Tiepolo, donne accès à la **salle des Colonnes**. Orné de belles tapisseries du XVIIe s., réalisées d'après des cartons de Raphaël, cet espace accueillait les fêtes et les banquets ; il servit aussi de cadre à la signature du traité d'adhésion de l'Espagne à la Communauté européenne en 1985, ainsi qu'à l'abdication du roi Juan Carlos I en 2014.

Grands Appartements

Les pièces qui suivent constituaient les appartements privés du roi. L'**antichambre Gasparini** expose quatre portraits en pied de Charles IV et de son épouse Marie-Louise de Parme, peints par Goya. Également dessinée par l'Italien Mattia Gasparini, la **chambre de Charles III** est un somptueux exemple de raffinement rococo. De son côté, le cabinet de porcelaine montre le goût pour les chinoiseries au XVIIIe s. Après avoir traversé la **salle à manger** pouvant accueillir jusqu'à 140 convives, la visite se poursuit dans la **chapelle royale**, ornée de fresques de Corrado Giaquinto et d'œuvres de Mengs. Une succession de petites salles permettent ensuite de plonger dans la vie intime du palais : la salle de billard à l'esprit victorien, le fumoir de style oriental, ou encore le magnifique boudoir de la reine Marie-Louise, œuvre de Sabatini. La **salle de musique** abrite une superbe collection d'instruments à cordes réalisés à la fin du XVIIe s. par Stradivarius.

Salle du Trône

Enfin, précédée de l'antichambre officielle, la salle du Trône déploie son fastueux décor de velours et de dorures, conservé tel qu'à l'époque de Charles III. Les fresques du plafond représentent la grandeur de la monarchie espagnole et ont été peintes par Tiepolo. Quant au mobilier rococo, aux miroirs et aux lions en bronze, ils ont été conçus par des artistes italiens.

✪ Monasterio de las Descalzas Reales

Haut lieu historique et artistique

Le monastère (**A** D1)

→ *Plaza de las Descalzas, 1 Tél. 914 54 88 00 www.patrimonionacional.es* ***Visite guidée uniquement*** *Mar.-sam. 10h-14h, 16h-18h30 ; dim. 10h-15h Tarif 6€*

En plein cœur de la capitale, à quelques mètres de la frénésie de la Gran Vía, le monastère des Déchaussées royales constitue un vrai voyage dans le temps. L'institution fut fondée par l'infante Jeanne d'Autriche, fille cadette de Charles Quint et d'Isabelle de Portugal, au milieu du XVIe s., dans le palais Renaissance où elle naquit. Le couvent n'accueillait que des dames appartenant à la noblesse. Aujourd'hui, une communauté de clarisses y vit coupée du monde. Sa façade austère cache une éblouissante collection d'œuvres d'art, données en cadeau au fil des siècles par les familles des recluses.

Escalier principal

Le somptueux escalier principal, de style Renaissance, est décoré de fresques en **trompe-l'œil** datant du XVIIe s. Y sont représentés, entourés de plusieurs archanges, le roi Philippe IV, son épouse Marie-Anne d'Autriche, ainsi que deux de leurs enfants. Ils apparaissent installés à une loge (le **Balcón Real**) richement décorée, d'où ils semblent contempler le *Calvaire* (v. 1661) juste en face, une œuvre sur toile attribuée à **Antonío de Pereda**. Partout, des aigles, des chérubins et des guirlandes de fleurs créent l'illusion d'un décor en relief. Ces éléments furent ajoutés par les peintres Claudio Coello et José Jiménez Donoso en 1664.

Cloître et ancien dortoir

Autour du cloître planté d'orangers, une **quinzaine de chapelles**, toutes différentes et rivalisant d'opulence, sont garnies de reliquaires, de statues polychromes et d'objets liturgiques tous plus précieux les uns que les autres. Parmi ces trésors, un ***Christ gisant*** (XVIe s.) en bois, attribué à Gaspar Becerra. Cette sculpture fait l'objet d'une procession dans le cloître pendant la Semaine sainte, lors de laquelle sont jouées des musiques datant de l'époque de la fondation du couvent. Une de ces chapelles, côté sud, hébergea pendant plusieurs siècles *L'Annonciation* (1425) de Fra Angelico (transférée en 1862 au musée du Prado).

Dans une autre, côté nord, merveilleuse ***Vierge à l'enfant*** (XVIe s.) de Bernardino Luini, dans le style de Léonard de Vinci. À l'étage, dans l'**ancien dortoir** de la communauté, on peut voir neuf des vingt tapisseries de la série du *Triomphe de l'Eucharistie* (XVIIe s.) ; ces fastueuses œuvres furent tissées pour le monastère à Bruxelles, sur des cartons de Rubens qui employa tout son génie dans ce projet prestigieux.

Musée

Le musée du monastère est constitué de plusieurs salles. Tout d'abord, la **salle capitulaire** de l'entresol abrite une émouvante *Mater Dolorosa* et un *Ecce homo* (1673) du sculpteur baroque andalou Pedro de Mena, tous deux dépourvus d'effets dramatiques. Plus loin, le **salon des Rois** dévoile des portraits de la famille royale, parmi lesquels des œuvres de Juan Pantoja de la Cruz. Une salle est consacrée à la peinture flamande, avec une remarquable *Adoration des Rois mages et des bergers* de Bruegel l'Ancien ; dans la **salle de peintures italiennes et espagnoles**, des toiles de Zurbarán, Luis de Morales et Luca Giordano. Dans l'**église du monastère** (XVIe s.), la tombe de Jeanne d'Autriche est ornée de sa statue orante, œuvre de Pompeo Leoni. La beauté et la rareté de ces chefs-d'œuvre, la paix et le silence religieux... tout ici renforce le sentiment de se trouver dans un lieu hors du temps.

✪ Real Academia de Bellas Artes de San Fernando

L'autre grand musée d'art

Le musée (**A** F2)
→ *C/Alcalá, 13 Tél. 915 24 08 64*
www.realacademiabellasartessanfernando.com
Sep.-juil. : mar.-dim. 10h-15h Tarif 8€
Moins couru que ceux du Paseo del Arte, ce musée possède pourtant une éblouissante collection de chefs-d'œuvre du XVIe au XXe s. Peintures, sculptures et dessins composent le fonds de cette Académie royale des beaux-arts créée en 1752, avec pour vocation de former des artistes de prestige.
Vingt ans après, elle fut transférée dans ce palais baroque conçu par José de Churriguera au début du XVIIIe s., qui est alors transformé dans le goût néoclassique de l'époque. Parmi les élèves qui firent sa renommée : Goya (qui sera directeur du département peinture), Picasso ou Dalí (qui fut exclu à cause de son comportement turbulent !).

Premier étage

Le premier étage constitue le clou du musée et dévoile les œuvres des grands maîtres européens des XVIe et XVIIe s. Salle 3, tout d'abord, on admire la sensualité de *L'Éducation de l'Amour par Vénus et Mercure* (1748), de **Van Loo** ; qui contraste avec le ténébrisme mystique de la série *Moines du couvent de la Merced à Séville*, par **Francisco de Zurbarán** (salle 6). Autre exemple de la maîtrise atteinte par cet artiste du Siècle d'or espagnol, son *Agnus Dei* (1639). Salle 9, le *Saint Jérôme* (1610) du **Greco**, empreint d'une forte expressivité. Salle 13, place à des œuvres majeures de **José de Ribera** : l'évolution de son style est criante quand on compare son *Ecce homo* (v. 1620), au clair-obscur nettement influencé par le Caravage, avec son *Assomption de Marie Madeleine* (1636), où la lumière exalte la scène. Salle 17, on découvre **Murillo** : *Saint François en extase* (1646) et, surtout, *Saint Jacques donnant à manger aux pauvres* (1648), tous deux empreints de la douceur et de la dévotion caractéristiques de ce maître du baroque espagnol. Après un **Rubens** (*Suzanne et les vieillards*, 1610) et l'unique œuvre d'**Arcimboldo** en Espagne (*Le Printemps*, 1563), on accède aux salles exposant les nombreuses œuvres de **Goya**. D'abord, un *Autoportrait au chevalet* (v. 1795), où l'artiste s'est représenté portant le chapeau, cerné de petites bougies qu'il utilisait, dit-on, pour mieux éclairer son travail. Ensuite, le magistral *Enterrement de la sardine* (1812), peinture de genre joyeuse et grotesque à la fois, et *La Tirana* (1792), célèbre actrice sévillane de l'époque. Enfin, une série de petits tableaux – *Tribunal de l'Inquisition*, *Procession des pénitents*, *La Maison de fous* –, qui représentent certains des plus tragiques aspects de la réalité espagnole de la fin du XIXe s. et dont le style annonce déjà l'impressionnisme.

Deuxième étage

Un étage aux collections disparates où, aux côtés d'objets décoratifs (incroyables reliefs miniatures en cire du XVIIIe s. représentant des vues de Naples ou de Jérusalem), d'émaux et de médaillons, on découvre l'œuvre des peintres de Cour espagnole des XVIIIe et XIXe s. De **Francisco Bayeu**, beau-frère et ami intime de Goya, un superbe *Autoportrait* (1795) ; et de **Federico de Madrazo**, un splendide *Portrait d'Isabelle II* (1844), avec sa magistrale mise en lumière et son exquis travail sur la robe. La collection de dessins du XVIe au XXe s., riche de pièces exceptionnelles de Velázquez, Rubens ou Le Tintoret, est exposée par roulement.

Troisième étage

Il est consacré à la **peinture espagnole du XXe s.** ; on y admire des œuvres d'Ignacio Zuloaga, Juan Gris ou Joaquín Sorolla, ainsi que des dessins et des bronzes de Picasso. Aussi, des pièces d'Antoni Tàpies et de Fernando Zóbel, figures majeures de l'art abstrait.

✪ Museo del Prado

L'une des pinacothèques les plus riches au monde

Le musée (C C3)

→ *C/ Ruiz de Alarcón, 23 Tél. 913 30 28 00 www.museodelprado.es Tlj. 10h-20h (19h dim.) Tarif 15€*

Le Prado mériterait à lui seul un séjour à Madrid ! Retraçant l'histoire de l'art européen du Moyen Âge au XXe s., ses collections, parmi les plus importantes au monde, ont été réunies au fil des siècles par les monarques espagnols. Outre les chefs-d'œuvre absolus de la peinture espagnole, on y trouve une éblouissante représentation des écoles italienne, flamande et allemande. Au bâtiment néoclassique conçu au XVIIIe s. par Juan de Villanueva, hébergeant la collection permanente, est venue s'ajouter en 2007 une extension de Rafael Moneo, de l'autre côté de la rue, intégrant le cloître de l'ancien monastère San Jerónimos El Real. En outre, à quelques pas au nord, le Salón de Reinos (XVIIe s.) rénové par Norman Foster et Carlos Rubio agrandira encore le musée prochainement.

Rez-de-chaussée

Le gothique et la Renaissance ouvrent le parcours en beauté. La sublime *Annonciation* (1425) de **Fra Angelico** (salle 56B), œuvre charnière, combine la minutie dans les détails du Moyen Âge aux nouvelles recherches de l'époque dans la perspective. De son côté, le regard de la *Joconde*, dont une copie réalisée dans l'atelier de Léonard de Vinci à la même époque que celle du Louvre est ici exposée, semble dialoguer avec l'énigmatique *Portrait d'un cardinal* (1510) de **Raphaël** (salle 49). L'exceptionnelle collection de chefs-d'œuvre flamands s'explique par la domination des Habsbourg sur les Pays-Bas. On admire d'abord la *Descente de croix* (v. 1435) de Van der Weyden, véritable prodige de force dramatique. Puis les œuvres de **Jérôme Bosch** ("el Bosco" en espagnol), uniques par leur originalité et leur modernité, comme dans l'exceptionnel triptyque du *Jardin des délices* (1490). Dans la salle 55B, un magnifique autoportrait (1498) de l'Allemand **Albrecht Dürer**. Plus loin, les toiles de **Francisco de Goya** témoignent de son immense liberté créative ; évoquant les représailles des armées napoléoniennes contre les Madrilènes lors de la guerre d'indépendance, *El tres de Mayo de 1808* (1814) constitue un cri déchirant contre la cruauté humaine. Quant aux célèbres *Peintures noires* (1819-1823) réalisées à coups de brosse sur les murs de la maison de l'artiste, elles traduisent un pessimisme accablant à travers des images cauchemardesques.

Premier étage

Le génie de **Diego Velázquez** rayonne à l'étage. Portraitiste de la cour de Philippe IV (dont il peignit aussi les bouffons), l'artiste sévillan traita dans sa peinture des sujets mythologiques et historiques. Le naturalisme de ses premières toiles ici exposées (*Le Triomphe de Bacchus*, salle 11) évolua vers un style plus libre, fait de coups de pinceaux rapides et précis. Les clairs-obscurs de ses débuts (*Adoration des mages*) deviennent luminosité dans ses derniers chefs-d'œuvre (*Les Fileuses*). Mais c'est *Les Ménines* (salle 12) qui attire tous les regards : sur cette toile, l'infante Marguerite-Thérèse rend visite à ses parents, dont Velázquez est en train de réaliser le portrait et dont les silhouettes se reflètent dans le miroir du fond. Cette mise en scène audacieuse intègre le spectateur dans l'œuvre ! Parmi les autres génies du baroque espagnol, citons **Murillo** et **Zurbarán**. La salle 8B dévoile le mystérieux *Gentilhomme à la main sur la poitrine* (1580) du **Greco**. De son côté, l'école vénitienne resplendit dans les salles 25 à 27, avec des chefs-d'œuvre comme le *Portrait de Charles Quint à cheval* (1548), réalisé par **Titien**, ou *Le Christ lavant les pieds de ses disciples* (1549), du **Tintoret**, à la perspective admirable. Les toiles du Flamand **Rubens** remplissent de joie et de sensualité les salles 28 et 29, alors que la célèbre *Maja nue* (1800) de Goya clôt le parcours de son regard séducteur.

✪ Museo Thyssen

L'éblouissante collection d'une famille de collectionneurs d'art

LE MUSÉE (**C** B2)
→ *Paseo del Prado, 8 Tél. 902 76 05 11 www.museothyssen.org Lun. 12h-16h, mar.-dim. 10h-19h Tarif 12€*
Édifice néoclassique du XVIIIe s., le Palacio de Villahermosa accueille depuis 1992 l'incroyable collection de peinture de la famille allemande Thyssen-Bornemisza, acquise par l'État espagnol. Depuis 2004, une nouvelle aile héberge la collection personnelle de la baronne Carmen, épouse de Hans Heinrich von Thyssen-Bornemisza, décédé en 2002. En tout, près de 50 salles sur trois étages proposant un éblouissant parcours chronologique à travers l'histoire de l'art, depuis le XIIIe s.

Deuxième étage
La visite débute par le gothique et les primitifs italiens. La rigidité de l'art byzantin évolue alors vers plus de naturalisme, comme dans *Le Christ et la samaritaine* (1311) de **Duccio di Buoninsegna**. Salle 4, remarquer le magnifique *Christ ressuscité* (v. 1490) de Bramante, tout en retenue dramatique. La Renaissance fleurit pleinement dans le *Portrait de Giovanna Tornabuoni* (1488) de **Domenico Ghirlandaio** (salle 5), un des trésors du musée, ou dans le *Jeune chevalier dans un paysage* (1510) de Carpaccio, véritable joyau chargé de figures allégoriques et de symboles. Après la Renaissance allemande (*Jésus parmi les docteurs*, 1506, de Dürer, salle 8), retour en Italie par la main des grands maîtres de l'école vénitienne : Titien, Tintoret... Enfin, le baroque arrive en force, salle 12, avec le regard pénétrant de la *Sainte Catherine d'Alexandrie* (1598) de **Caravage**, auquel répond, après un panorama des écoles française et espagnole, le regard que **Rembrandt** nous lance salle 21 depuis son exceptionnel *Autoportrait* (1643).

Premier étage
Les scènes de la vie quotidienne de la peinture hollandaise du XVIIe s. occupent les salles 22 à 26 : on ne manquera pas *Portrait de famille devant un paysage* (1648), de **Frans Hals**. Après le XVIIIe s. en France (Watteau, Fragonard) et en Angleterre, direction l'Amérique et la sublime *Duchesse de Sutherland* (1904) de **John Singer Sargent** (salle 30). Retour en Europe, à la fin du XIXe s., avec l'impressionnisme : l'*Amazone* (1882) de Manet et, surtout, *Les Vessenots à Auvers* (1890) de **Van Gogh** (salle 32) en sont de merveilleux exemples. Le parcours s'achève avec le réalisme et les avant-gardes, en Europe et en Amérique. *Metropolis* (1917) de George Grosz (salle 39) dénonce, entre cubisme et futurisme, l'aliénation de l'homme dans les grandes villes, alors que *Hotel Room* (1931) d'**Edward Hopper** évoque la solitude des temps modernes.

Rez-de-chaussée
Le cubisme fait son apparition dans les salles 41 à 43, où sont exposées des toiles de Juan Gris, Braque et, bien sûr, **Picasso** (*Tête d'homme*, 1913). Suivent les grandes tendances artistiques du XXe s., tant en Europe qu'aux États-Unis : dada, surréalisme, expressionnisme abstrait, pop art... Parmi des œuvres de Klee, Ernst ou Pollock, citons l'hypnotique *Rêve causé par le vol d'une abeille autour d'une grenade, une seconde avant l'éveil* (1944) de **Salvador Dalí** ou l'inquiétant *Portrait de George Dyer devant un miroir* (1968) de **Francis Bacon**. Le baron Thyssen-Bornemisza fut aussi immortalisé dans un portrait par Lucian Freud, en 1982. Pour finir, *Femme dans la salle de bains* (1963) de **Roy Lichtenstein**, ou la toilette de Vénus à l'ère du capitalisme !

Collection Carmen Thyssen-Bornemisza
On y accède par le deuxième étage. Parmi les chefs-d'œuvre de cette collection, organisée chronologiquement, *Le Jardin d'Éden* (1612) de Bruegel l'Ancien, le *Paysage d'hiver* (v. 1670) de Van Ruysdael, l'idyllique *Mata Mua* (1892) de Gauguin et *Le Pont de Charing Cross* (1899) de Monet. Aussi un bel ensemble de toiles issues de l'expressionnisme allemand.

✪ Museo Reina Sofía

Le grand musée d'art moderne et contemporain

Le musée (**C** C4)

→ *C/Santa Isabel, 52 Tél. 917 74 10 00 www.museoreinasofia.es Mer.-lun. 10h-21h (19h dim.) Tarif 10€*

L'ancien hôpital de San Carlos, dessiné à la fin du XVIIIe s. par Francesco Sabatini et José de Hermosilla, fut transformé en centre d'expositions temporaires en 1986. Devenu Museo Nacional Centro de Arte Reina Sofía, il ouvrit ses portes en 1992 en tant que musée consacré à l'art moderne et contemporain, avec trois collections permanentes. Enfin, le XXIe s. vit s'élever un nouveau bâtiment ultramoderne, conçu par Jean Nouvel, qui cohabite harmonieusement avec l'édifice historique. Aujourd'hui, passé et présent dialoguent dans un ensemble architectural ponctué de sculptures monumentales (Calder, Chillida, Lichtenstein, etc.).

L'irruption du XXe s. : utopies et conflits (2e étage)

La visite commence au 2e étage où est mise à l'honneur l'avant-garde des années 1900-1945, spécialement en Espagne. Salles 202-205, les grands courants artistiques de cette période (cubisme, surréalisme, dadaïsme, symbolisme) s'incarnent dans les œuvres de Max Ernst, Francis Picabia, Anglada Camarasa ou encore Ignacio Zuloaga. **Miró** y déploie ses formes poétiques, alors que le *Grand Masturbateur* (1929) de **Dalí** côtoie les photographies de Man Ray et le *Chien andalou* (1929), court-métrage de **Luis Buñuel** (salle 205). Mais c'est sans doute le célèbre ***Guernica*** qui constitue le temps fort du parcours. Compartimentée en plusieurs espaces, la salle 206 est entièrement consacrée à ce chef-d'œuvre de **Picasso** et au contexte historique de sa création, marqué par la guerre civile espagnole. Cette toile monumentale (3,50 par 7,80 m), peinte après le bombardement de la ville basque éponyme, fut réalisée pour le pavillon de la République espagnole à l'Exposition universelle de Paris de 1937. Picasso réussit à y dresser, par un mélange d'expérimentation et d'engagement politique, une fresque à dimension universelle, une dénonciation de la folie meurtrière de toutes les guerres. Selon le souhait de l'artiste, le tableau ne fut exposé en Espagne qu'en 1981, après la fin de la dictature franquiste.

La guerre est-elle finie ? L'art dans un monde divisé (4e étage)

Ces salles parcourent les différentes réactions artistiques apparues en Europe et en Amérique après la Seconde Guerre mondiale, dont la guerre d'Espagne avait été une sorte de répétition, jusqu'aux années 1960. Finies les utopies, l'art se réfugie dans l'abstraction, qui se décline dans l'art brut de **Jean Dubuffet** ou dans l'expressionnisme des Américains (Robert Motherwell, Rothko... salle 409). En Espagne, l'ouverture relative du franquisme à partir des années 1950 favorise un renouveau artistique qui, toujours sous le sceau de l'abstraction, se cristallise dans les toiles d'**Antoni Tàpies** ou d'**Antonio Saura**, dont le *Grito n° 7* (1959) constitue un cri expressionniste contre la réalité espagnole de l'époque (salle 417). Dans la salle 428, la série *Les Quatre Dictateurs* (1963) d'**Eduardo Arroyo** dresse les portraits grotesques de Franco, Mussolini, Hitler et Salazar. Véritables témoins du siècle, quelques toiles de Picasso et de Miró ponctuent aussi ces salles.

De la révolte à la postmodernité (édifice Jean Nouvel, rez-de-chaussée et 1er étage)

Des années 1970 à aujourd'hui, la dernière section reflète les changements qui ont configuré notre époque : la décolonisation, les soulèvements de 1968, les mouvements féministes, ou encore l'expansion de la culture populaire. Les artistes refusent la paternité de leurs œuvres et revendiquent le rôle du public dans la recherche d'un sens. L'hétérogénéité de cette époque se révèle dans les pièces du minimalisme américain (salle 104.03) ou de l'Arte povera italien (salle 104.06).

✪ Parque del Retiro

Le poumon vert de la capitale

Le parc (C)

→ *Tél. 915 30 00 41 Tlj. 6h-22h (oh été)*
Accès libre ***Barques*** *Tlj. 10h-17h*

En quête de calme et de fraîcheur, les rois venaient jadis ici "se retirer" de la vie de la Cour, ce qui explique le nom de cet immense parc. Aujourd'hui, ce sont les Madrilènes qui en font autant, surtout le week-end ! Les quelque 125 ha et leurs 15 000 arbres constituent en effet un grand bol d'air et invitent à s'adonner au sport ou au farniente...

Paix et guerre

Dessiné dans la première moitié du XVIIe s. par Alonso Carbonel, le parc faisait partie d'un ensemble de jardins, bois et palais qui, sous le nom de Real Sitio del Buen Retiro, fut aménagé sous le règne de Philippe IV. Même si cette résidence secondaire royale était à l'époque hors les murs, elle n'était pas excessivement loin de l'Alcázar Real (actuel Palais royal) et elle devint un lieu de repos et d'agrément pour le roi et sa famille. Les jardins furent ouverts une première fois au public en 1767, sur l'ordre de "l'éclairé" roi Charles III. Occupé et spolié par les troupes napoléoniennes pendant la guerre d'Indépendance espagnole (1808-1813), l'ensemble architectural subit d'importants dommages, entraînant la démolition de presque tous les bâtiments. Par la suite, aux XIXe et XXe s., le site a été réaménagé à plusieurs reprises et agrémenté de fontaines, de monuments et de portes d'accès. Les seuls vestiges de l'ancienne résidence royale sont à la bordure ouest du parc (**C** D2) : le Casón del Buen Retiro (1637), ancien salon de bal au plafond peint à fresque par Luca Giordano, et le Salón de Reinos, qui accueillait les cérémonies officielles. Ces deux édifices sont des annexes du musée du Prado.

L'eau, la brique et le verre

Les allées verdoyantes du parc filent toutes vers l'Estanque Grande : ce grand bassin rectangulaire servait de cadre aux batailles navales en miniature organisées pour le divertissement des rois. Aujourd'hui, le Monumento a Alfonso XII (1922), couronné par la statue équestre du souverain (une œuvre de Mariano Benlliure) et pourvu de majestueuses colonnades, domine les eaux où voguent de petites barques à louer au nord du bassin. Tout autour, un kiosque à musique, des jongleurs ou des cartomanciennes animent les lieux, promenade dominicale favorite des Madrilènes. Un peu plus loin au sud, deux bâtiments conçus par l'architecte Ricardo Velázquez Bosco à la fin du XIXe s., et accueillant des expositions temporaires du musée Reina Sofía : le Palacio de Velázquez et sa façade en brique recouverte d'azulejos, et le Palacio de Cristal, à la délicate structure de verre et de fer.

Les fleurs et le mal

Plus au sud encore, la Roselada ("roseraie") embaume les beaux jours du parfum de ses dizaines de variétés. La Fuente del Ángel Caído ("la fontaine de l'ange déchu"), quant à elle, constitue l'un des rares monuments au monde dédiés à Lucifer ; cette sculpture (1877) de Ricardo Bellver, empreinte d'intensité romantique, repose sur une fontaine décorée de créatures infernales. Cette partie du Retiro a toujours attiré les adeptes d'ésotérisme. À l'ouest, le Bosque del Recuerdo, planté de 170 cyprès et 22 oliviers, rend hommage aux victimes des attentats terroristes du 11 mars 2004 à Madrid. Au nord, on peut quitter le parc par le Paseo de la Argentina, dont la série de statues de rois et reines espagnols, réalisée au XVIIIe s., ornait à une époque la façade principale du Palacio Real.

✪ Gran Vía

Épine dorsale et icône de Madrid

L'AVENUE (**D** B3-E4)
Si la Puerta del Sol est le cœur de Madrid, la Gran Vía en est l'épine dorsale. Percée au début du XXe s., elle visait à doter Madrid d'une avenue digne des grandes capitales, dans l'esprit des Champs-Élysées ou de Broadway. Les trois "sections" qui la composent, ponctuées de buildings à l'américaine et de panneaux publicitaires, constituent un véritable condensé de styles architecturaux. Mais c'est pour son ambiance trépidante que l'on arpentera cette artère, de jour comme (surtout !) de nuit.

Première section (années 1910)
Les styles historicistes sont à l'honneur de la Calle de Alcalá à la station de métro Gran Vía (**D** E4). Tout à l'est, le **Metrópolis** marque le début de la Gran Vía, en servant d'angle avec la Calle de Alcalá. Conçu par les architectes français Jules et Raymond Février, ce bâtiment Belle Époque, à la façade ornée de colonnes et de sculptures, est couronné depuis 1975 par une statue ailée de la Victoire. Plus loin, au n° 1, l'édifice **Grassy**, construit pour l'horloger français du même nom et immortalisé par le peintre Antonio López dans son célèbre *Gran Vía* (1981), déploie un décor éclectique où dominent balcons, colonnades et guirlandes. À voir aussi, au n° 8, la boutique historique de la maison de luxe espagnole Loewe et, au n° 12, le mythique **Chicote** (aujourd'hui Museo Chicote), bar à cocktails qui vit passer de nombreuses célébrités, dont Ernest Hemingway dans les années 1930, qui immortalisa les lieux dans plusieurs de ses romans.

Deuxième section (années 1920)
Après le luxe bourgeois du premier tronçon, cette partie de l'avenue, de la station de métro Gran Vía à la Plaza del Callao (**D** D4-C4), a toujours été vouée au commerce et aux loisirs. Les music-halls et les grands magasins d'hier ont laissé la place aux cinémas et aux magasins de mode franchisés. Trônant au n° 28, l'édifice **Telefónica**, dessiné par l'architecte Ignacio de Cárdenas pour le compte de la compagnie téléphonique nationale, fut à sa construction le gratte-ciel le plus haut d'Europe. Son style résolument américain est rehaussé de détails néobaroques et son horloge illuminée de rouge sert de phare aux noctambules. Juste en face, l'ancienne joaillerie **Aleixandre**, dont l'architecture originale a été conservée, héberge aujourd'hui... un restaurant McDonald's. Deux autres symboles de l'époque, un peu plus loin : au n° 32, l'emblématique édifice **Madrid-Paris** (1924), qui fut le premier grand magasin de la capitale, et au n° 37, l'ancien cinéma **Avenida** (1928) et ses vitraux. Tous deux abritent désormais des magasins d'enseignes de prêt-à-porter.

Troisième section (années 1930 à 1950)
L'architecture se fait plus homogène sous l'influence du rationalisme. Sorte de Times Square en miniature, la Plaza del Callao (**D** C4) est bordée de deux constructions emblématiques : l'édifice **Carrión** (ou Capitol), côté ouest, et le **Palacio de la Prensa**, côté nord. Le premier est caractéristique du style avant-gardiste des années 1930. Il héberge une salle de cinéma Art déco et un hôtel, et arbore dans sa partie supérieure une enseigne lumineuse de la marque Schweppes, devenue incontournable dans la culture populaire madrilène. Le Palacio, lui, fut le premier édifice en brique de la Gran Vía ; inauguré en 1930, il accueillit l'Association de la presse de Madrid. À partir de la Plaza del Callao, Gran Vía descend vers la Plaza de España (**D** B3) dans une cascade de théâtres et de salles de spectacle. À son extrémité, la vaste esplanade de la Plaza est dominée par le massif édifice **España** (1953) et par la **Torre de Madrid** (1957), qui fut longtemps le monument le plus haut d'Espagne (142 m). Conçus par les frères Otamendi, les deux bâtiments accueillent aujourd'hui des hôtels.

✪ Ermita de San Antonio de la Florida

Pour les fresques magistrales de Francisco de Goya

L'ermitage (**F** A6)
→ *Glorieta de San Antonio de la Florida, 5*
Tél. 915 42 07 22 Mar.-dim. 9h30-20h
Entrée libre
Peu connu (même des Madrilènes !), cet ermitage devenu église constitue pourtant l'un des joyaux de la capitale. Consacré à saint Antoine de Padoue, il fut conçu sur ordre de Charles IV par l'architecte italien Filippo Fontana, à la fin du XVIIIe s. À l'époque, il se trouvait dans les environs de Madrid, au milieu des prés, et était un lieu de pèlerinage, chaque 13 juin. Si son architecture néoclassique ne présente pas grand intérêt, l'intérieur renferme l'une des œuvres majeures de **Francisco de Goya.** En effet, le maître, au zénith de son art lorsqu'il les réalise en 1798, est l'auteur des fresques de la **coupole**, représentant le miracle de saint Antoine, ainsi que de l'**abside** et de la **corniche**. Juste en dessous, une pierre tombale marque l'endroit où se trouve la dépouille du peintre. Mort à Bordeaux en 1828, ses restes (sauf le crâne, qui n'a jamais été retrouvé !) furent rapatriés en 1919 pour reposer dans cet ermitage. En sortant, jeter un coup d'œil sur la réplique de l'édifice bâtie juste à côté et destinée à accueillir les offices religieux.

La corniche
Goya peignit les fresques en moins de six mois. Après une carrière consacrée à réaliser des œuvres pour des collections particulières et pour la Couronne, il mit tout son talent au service d'une commande destinée à être admirée par le grand public. Peut-être plus que nulle part ailleurs, son génie imprègne cette création où le récit religieux adopte un style résolument frais et profane. Tout d'abord, Goya inverse le sens orthodoxe (le Ciel en haut, la Terre et les hommes en bas). En plaçant des **chérubins et des anges** sur le plan inférieur de la composition, c'est le monde céleste qui soutient la coupole où est représenté le **monde des hommes.** Remarquer la sensualité de ces anges féminins dont les ailes, au battement délicat, s'accordent avec la richesse des tissus qu'ils portent. Ils papillonnent, certains tirant des rideaux pour nous dévoiler la scène qui se déroule plus haut.

La coupole
Ici encore, l'artiste rompt avec la tradition en choisissant de présenter le miracle comme une scène populaire madrilène. Un **tableau de la société de l'époque** y est dressé, avec ses aristocrates, ses bourgeois, ses demi-mondaines et ses gens du peuple – de ceux que l'on pouvait croiser dans les rues du Madrid de l'époque –, saisis avec une fraîcheur et une expressivité remarquables. Avec précision, le peintre s'est débarrassé de tout détail superflu pour aller à l'essentiel. Ses coups de pinceau, vus de près, esquissent plus que dessinent une variété infinie de gestes et de positions. Une modernité surprenante se dégage de ces fresques.
On comprend pourquoi les artistes impressionnistes voyaient en Goya un des fondateurs du mouvement ! Derrière une balustrade qui longe la coupole, une chaîne ininterrompue de personnages : la **scène de la résurrection du cadavre par saint Antoine** (dont le père a été accusé du crime) est au centre de la composition. Le saint l'interroge pour lui faire avouer le nom du vrai coupable. Une femme lève les mains au ciel ; des enfants s'accrochent à la rambarde. Certains personnages se penchent et regardent d'en haut. Entre réalisme et grotesque, Goya met à nu l'âme humaine.

Madrid en 3 jours

L'essentiel de la ville en un grand week-end !

Vendredi

9h Petit déjeuner à la **Chocolatería San Ginés** (**A** D2) pour goûter au meilleur *chocolate con churros* de la capitale !

9h30 Balade dans la vieille ville, de la **Plaza Mayor** (**A** D3) à la **Plaza de la Villa** (**A** C3), au gré des ruelles et des petites places du Madrid des Habsbourg.

10h30 Visite du **Palacio Real** (**A** A1), siège de la Couronne espagnole et véritable musée d'art.

12h On prend un rafraîchissement à la terrasse du **Café de Oriente** (**A** B2), sur l'élégante Plaza de Oriente.

12h30 Direction la **Plaza de la Puerta del Sol** (**A** E2), carrefour incontournable des Madrilènes, pour marcher sur le kilomètre zéro des routes espagnoles. Déjeuner de tapas au restaurant historique **Casa Labra** (**A** E2). Autre possibilité, se laisser tenter par les mille et un délices du **Mercado de San Miguel** (**A** C3).

13h30 Direction, à travers la Carrera de San Jerónimo, le **Museo del Prado** (**C** C3) et sa fabuleuse collection de chefs-d'œuvre.

15h30 Balade au calme parmi les arbres centenaires du dépaysant **Real Jardín Botánico** (**C** C3).

16h30 Pause-café au **Caixa Forum** (**C** C3), ou à l'incontournable **Museo Thyssen** (**C** B2), avant de visiter l'une des expositions du moment.

17h30 On s'amuse à chercher les pancartes en souvenir des auteurs du Siècle d'or (Cervantès, Lope de Vega...) qui vécurent dans le quartier de Las Letras.

18h30 Shopping gourmand chez **Lhardy** (**C** A2), **La Violeta** (**C** A2) ou **Casa Mira** (**C** A2), trois institutions madrilènes.

19h30 Tout près, on prend l'apéritif à l'andalouse chez **La Venencia** (**C** A2) dans un cadre hors du temps.

20h Pour le dîner, direction la **Plaza de Santa Ana** (**C** A2), où l'on s'attablera à l'emblématique **Cervecería alemana** (**C** A2) ou bien chez **Lateral** (**C** A2).

21h30 Un concert de jazz au **Café Central** (**C** A2) ? Un spectacle de flamenco à la **Casa Patas** (**B** D1) ? À chacun son goût !

Samedi

10h Petit déjeuner sain et savoureux chez **(H)arina** (**C** D1), avec en point de mire la grandiose **Puerta de Alcalá** (**C** D1).

11h Promenade au vert dans le **Parque del Retiro** (**C** E2), du grand bassin jusqu'à la statue de l'Ángel Caído, en passant par le splendide **Palacio de Cristal** (**C** E3), et par le parterre aux remarquables cyprès taillés, près de la Puerta de Felipe IV (**C** D2).

12h30 On remonte la Calle de Alcalá jusqu'à la célébrissime fontaine de **Cibeles** (**C** C1), représentant la déesse mère des Dieux sur un char tiré par deux lions, et on admire la vue sur le début de la **Gran Vía** (**D** E4). On s'arrête au **Círculo de Bellas Artes** (**D** F4) pour profiter de son magnifique café Art nouveau.

13h Visite de la **Real Academia de Bellas Artes de San Fernando** (**A** F2) et de ses admirables toiles de Goya, artiste intimement lié à Madrid.

14h On traverse ensuite la Gran Vía et on atteint le cœur de Chueca. Chez **Cocina de San Antón** (**D** E3), on se régale d'une cuisine du marché fraîche et parfumée.

15h S'adonner au lèche-vitrines le long des rues Hortaleza et Fuencarral, artères commerçantes par excellence, puis visiter le charmant **Museo del Romanticismo** (**D** E2), entre meubles précieux, tableaux évocateurs et robes en taffetas. On prend un thé dans le bucolique café du musée.

16h Après cette bulle de calme, retour vers la **Gran Vía** (**D** E4) et son activité incessante. De l'édifice de **Telefónica** (**D** D4) jusqu'à la **Plaza de España** (**D** A3), c'est un véritable cours magistral d'histoire de l'architecture du XXe s. qui s'offre à ceux qui lèveront la tête !

17h30 Il se passe toujours quelque chose d'intéressant au **Cuartel del Conde Duque** (**D** B2) : expos, concerts, ateliers... Il n'y a que l'embarras du choix !

18h30 Faire le tour des boutiques branchées du quartier de Malasaña, rues San Vicente Ferrer et de la Palma. Et, pour ne pas laisser de côté la tradition, s'offrir une paire d'espadrilles artisanales chez **Antigua Casa Crespo** (**D** D2).

20h Prendre un apéritif, accompagné d'une tapa, chez **Bodega la Ardosa** (**D** D3), ouvert depuis 1892.

21h Dîner à base de petits plats tous plus savoureux les uns que les autres chez **El Rincón**

(**D** D2), dans une ambiance décontractée.

23h Pour les plus audacieux, direction **Toni 2** (**D** F3) pour une soirée musicale inoubliable.

DIMANCHE

9h Rendez-vous à la **Plaza de Lavapiés** (**B** D1), où l'on prendra un petit déjeuner au magnifique **Nuevo Café Barbieri** (**B** D1).

10h Admirer le *Guernica* de Picasso, et d'autres chefs-d'œuvre du XXe s., au **Museo Reina Sofía** (**C** C4).

11h30 **La Casa Encendida** (**B** D2) et **La Tabacalera** (**B** D2), deux centres alternatifs et bien d'aujourd'hui pour assouvir sa soif d'art. Sinon, une balade dans les rues cosmopolites de Lavapiés ravira les amateurs d'ambiances populaires.

12h30 La foule envahit la Ribera de Curtidores et les rues adjacentes, occupées par les puces d'**El Rastro** (**B** C1). Le rituel incontournable du dimanche !

14h Une fois dénichée la perle rare dans le bric-à-brac du marché, on se pose sur la terrasse d'**El Viajero** (**B** C1), en plein cœur de La Latina, pour un déjeuner ensoleillé.

15h30 En bon Madrilène, on cherche une table libre sur la charmante **Plaza de la Paja** (**B** C1). Puis, on se prélasse au soleil dans le Jardín del Príncipe de Anglona ou l'on rend hommage à Almodóvar sur la petite Plaza del Alamillo.

16h30 Par la Calle Segovia, on descend vers le *río* Manzanares. Prenant à droite le Paseo de la Virgen del Puerto, puis celui de la Florida, on arrive à la **Ermita de San Antonio de la Florida** (**F** A5). Goya y a décoré sa coupole de fresques magistrales.

18h Le long des rives du Manzanares réaménagées, on remonte vers le **Parque del Oeste** (**F** A5).

19h30 De l'esplanade du **Templo de Debod** (**F** B6), on peut contempler les plus beaux couchers de soleil de Madrid !

20h30 Pour le dîner, un fleuron de la cuisine madrilène, le *cocido*, pot-au-feu à base de porc et de pois chiches. Celui de **La Bola** (**A** C1) est réputé être le meilleur de la capitale.

22h On finit en beauté en s'offrant un cocktail dans le légendaire **Museo Chicote** (**D** E4), dans cette Gran Vía éternelle qui semble ne jamais dormir !

UN JOUR DE PLUS ?

L'occasion de sortir des sentiers battus !

Madrid Río (B)
Madrid retrouve son fleuve, si longtemps oublié. Une bouffée d'oxygène ! Voir *Les balades* (**G**).

Museo de Historia (D E2)
Pour tout savoir de Madrid depuis sa fondation, avec en prime un cadre superbe.

Salamanca (E)
Virée dans le Madrid chic et glamour, au fil de rues aux allures très haussmanniennes. Pour finir en beauté, contempler les toiles du peintre valencien Joaquín Sorolla dans le musée qui lui est dédié (**E** A1).

Paseo de la Castellana (F)
Lassé du baroque ? Direction les quartiers nord, le long de cette large et interminable avenue, livre ouvert sur l'architecture des XXe et XXIe s., qui dessert aussi le fameux stade Santiago Bernabéu.

Casa de Campo (F A6)
L'ancien terrain de chasse des rois d'Espagne reste un immense poumon vert, sur la rive ouest du Manzanares. Y aller en téléphérique ! À l'est, le petit parc d'El Capricho (M° El Capricho, ouvert le w.-e. seulement), ancien domaine des ducs d'Osuna, mécènes de Goya, pour une balade entre fontaines, statues et folies rococo.

LA BOLA

Vivre à l'heure de Madrid !

10 bonnes idées pour découvrir Madrid autrement !

Faire son marché
Dans cette ville où la table équivaut à un art, on trouve sur les marchés tous les produits de la Méditerranée, mais aussi et surtout une ambiance inclassable et, la plupart du temps, des comptoirs pour se restaurer : atmosphère populaire au Mercado de Antón Martín (**B** E1), plus touristique dans l'élégant Mercado de San Miguel (**A** C3), tendance au Mercado de San Antón (**D** E3).

S'attarder dans les cafés du XIXe s.
Décor Art nouveau au Pabellón del Espejo (**E** A4), lambris patinés au Café Gijón (**E** A4), miroirs et lustres au Nuevo Café Barbieri (**B** D1), terrasse courue au Café de Oriente (**A** B2)... Solennellement historiques, terriblement romantiques, ces cafés plus que centenaires constituent le décor parfait des pauses prolongées de l'après-midi !

Goûter au *cocido madrileño*
Un pot-au-feu à base de viande de porc et de pois chiches, dont le bouillon est servi en entrée : populaire et roboratif, voici sans doute le plat le plus représentatif de la gastronomie madrilène. Un délice !
→ *La Bola* (**A** C1) *sert des cocidos depuis 1870*

Goûter aux *churros* de la Chocolatería San Ginés (**A** D2)
Les travailleurs au petit déjeuner, les familles au goûter, les fêtards à l'aube : tous raffolent de cette *churrería* réputée, cachée dans une ruelle et ouverte non-stop. Un passage obligé ! Bien sûr, on commande avec les *churros* un chocolat bien épais pour les y tremper.

Assister à une corrida
Sommeillant tout l'hiver, les arènes madrilènes, Plaza de Toros de Las Ventas (**E** F2), reprennent vie à la fin du mois de mars. Jusqu'en octobre, elles vibreront aux exploits des matadors les plus fameux, eux-mêmes craignant davantage les foudres du *tendido 7* (gradin réputé accueillir les plus exigeants aficionados) que du taureau lui-même. Lors des fêtes de San Isidro, qui durent tout le mois de mai, les corridas sont quotidiennes.

Picorer des tapas
Rustiques ou gastronomiques, gratuites ou payantes : dans tous les bars de Madrid, les tapas accompagnent *cañas* (bières pression), *rioja* (vin du nord de l'Espagne), *sidra* (cidre), etc. En partageant au comptoir ces amuse-bouches, en grappillant des bribes

TENDANCE(S)

Marchés gourmets
Architectures de verre et de métal devenues temples de la gastronomie populaire. Mercado de San Miguel (**A** C3), Cocina de San Antón (**D** E3).

Gastrobars
La mode est à la haute cuisine, version mini... pour pouvoir goûter à tout ! Lateral (**C** A2), Invernadero SB (**D** B3), TriCiclo (**C** B3).

Lieux insolites
Un club se cache dans un ancien entrepôt (*www.mediaspuri.com*), un bar à cocktails a investi une ex-chapelle (*www.elhortera.com*) et un bar à tapas l'une des dernières salles de films-X (*www.salaequis.es*) !

Centres culturels alternatifs
La Casa Encendida (**B** D2), La Tabacalera (**B** D2), Matadero (**B** E4)... Tous sont multidisciplinaires et franchement réjouissants !

Bars d'hôtels
La capitale offre l'occasion de goûter, le temps d'un cocktail, au luxe des beaux hôtels, aux attributs redoutables ! Le *rooftop* du mythique ME Madrid Reina Victoria (**C** A2), la piscine sur le toit du Room Mate Óscar (**D** E4), le charme secret de l'élégant Santo Mauro (**E** D5).

STADE SANTIAGO BERNABÉU

FLAMENCO À LAS TABLAS

de conversation, on saisit ce que le "vivre ensemble" madrilène veut dire. Pour *tapear* comme un Espagnol et varier les saveurs, ne pas hésiter à changer fréquemment de lieu.
→ *Casa Labra* (**A** E2), *La Chata* (**B** C1) *ou, pour des tapas gastronomiques, TriCiclo* (**C** B3)

Vibrer au son du flamenco
On dit, en Espagne, que c'est en Andalousie que naissent les plus grands artistes de flamenco, mais que c'est dans les *tablaos* (cabarets) de Madrid qu'ils deviennent adultes. Plusieurs options pour goûter à cet art inscrit au patrimoine culturel immatériel par l'Unesco depuis 2010 : spectacles touristiques avec castagnettes et robes à pois au Corral de la Morería (**B** B1), ou soirées plus épurées et informelles au Candela (**B** D1)... Il y en a ici pour tous les goûts.

Siroter un gin tonic sur un *rooftop*
N'en déplaise aux Anglais, les Espagnols sont les premiers buveurs de gin tonic au monde ! Quel meilleur endroit pour le savourer qu'un toit-terrasse avec une vue sur toute la ville ? Les lieux de ce genre ne manquent pas...
→ *Nos préférés : celui du concept-store El Paracaidista* (**D** D2) *pour son ambiance cubaine, celui du Círculo de Bellas Artes* (**D** F4) *pour la splendeur du bâtiment et pour sa vue*

Assister à un match du Real Madrid
Le football est une religion à Madrid, et le stade Santiago Bernabéu (**F** D3), avec ses 81 044 places, son sanctuaire ! L'ambiance qui règne dans l'antre du Real, club fondé en 1902, 33 fois champion d'Espagne et 13 fois d'Europe, séduira même les plus allergiques au ballon rond. Les soirs de grandes victoires, il faut se mêler aux *socios* (supporters) qui envahissent la Plaza de Cibeles (**C** C1).
→ *Pour éviter les files d'attente et être certain d'avoir une place, acheter ses billets sur le site du club : www.realmadrid.com*

Faire la *fiesta*
Les Madrilènes, infatigables fêtards, ne manquent pas une occasion de faire honneur à leur réputation. Serrés comme des sardines dans les innombrables troquets de la Cava Baja (**B**) ou les *cervecerías* de la Calle de Jésus (**C**), ils suivent la *marcha* vers *les coctelerías* branchées de Chueca ou de Malasaña (**D**), s'immergent dans une ambiance alternative du côté de La Latina et de Lavapiés (**B**), poursuivent avec les pubs bondés de la Calle de Ponzano (**F**), avant de terminer la nuit dans l'un des clubs : Florida Retiro (**C** F1), Alegoría (**E** A4), etc.

ALEGORÍA

TAPAS

... ET MÊME LE DIMANCHE !

El Rastro (**B** C1)
Ce marché aux puces est *le* rendez-vous dominical pour beaucoup de Madrilènes.

Musées
La plupart sont ouverts le dimanche. Et certains sont gratuits : **Museo del Romanticismo** (**D** E2), **Museo de América** (**F** B4).

Parcs
Faire un pique-nique au **Parque del Retiro** (**C** E2), admirer le coucher du soleil au **Templo de Debod** (**F** B6), se rendre au **Casa de Campo** (**F** A6) pour son zoo et son parc d'attractions.

Shopping
De nombreux magasins du Centro (**A**) sont ouverts pour des emplettes dominicales.

Cinéma
Cine Doré (**B** E1), superbe salle 1920, diffuse des films en VOST. Pour une séance sous les étoiles l'été, c'est Cine de Verano : le **Parque del Oeste** (**F** A5), le patio du **Cuartel del Conde Duque** (**D** B2), etc., se transforment en cinéma de plein air.

"Ir de cañas"
C'est-à-dire prendre une bière, accompagnée de tapas, bien sûr ! Dans le quartier de **La Latina** (**B**).

Les bons plans

Tout ce qu'il faut savoir pour dépenser moins à Madrid !

GRATUIT

Musées
Collections permanentes de certains musées en libre accès en fin de journée, par exemple de 18h à 20h (17h-19h le dim.) au **Museo del Prado** (**C** C3) et de 19h à 21h (13h30-19h le dim.) au **Museo Reina Sofía** (**C** C4). De la même manière, le **Palacio Real** (**A** A1) ouvre ses portes gratuitement certains soirs (lun.-jeu. 18h-20h), mais il faudra être prêt à patienter !

Museo de Historia
(**D** E2)
Ce superbe musée permet de mieux comprendre le développement de la capitale au fil des siècles... sans dépenser un sou !

EL RASTRO

Centres culturels
Expositions, cinéma, performances, conférences... Il y en a pour tous les goûts et Madrid peut se targuer d'un bouillonnement culturel de haut rang ! **La Tabacalera** (**B** D2), **La Casa Encendida** (**B** D2), **Matadero** (**B** E4), **Palacio de Cibeles** (**C** C1), **Caixa Forum** (**C** C3), **Cuartel del Conde Duque** (**D** B2).

Chefs-d'œuvre de Goya
Le maître employa tout son génie dans la décoration de deux lieux peu connus... et libres d'accès : **Basílica de San Francisco el Grande** (**B** B1), **Ermita de San Antonio de la Florida** (**F** A5).

Parcs
Historiques ou récents, ils pullulent et permettent d'échapper à la frénésie de la capitale ! **Jardines de Sabatini** (**A** A1), **Campo del Moro** (**A** A1), **Madrid Río** (**B** C3), **Parque del Retiro** (**C** E2), **Casa de Campo** (**F** A6).

Clubs
Se munir des flyers distribués dans les bars ou s'y rendre avant 1h du matin permet de ne pas payer d'entrée dans la plupart des clubs. **Sala Sol** (**A** F1), **Joy Eslava** (**A** D2), **Berlín Cabaret 1930** (**B** C1).

Coucher de soleil
Le Sierra en toile fond, le ciel de Madrid enflammé, le **Templo de Debod** (**F** B6) se reflétant dans son bassin... La magie opère !

Visites guidées
→ *madrid.greeters.info*
Des Madrilènes passionnés par leur ville organisent des visites selon diverses thématiques.

PETITS PRIX

Hostales et *pensiones*
Moins chers que les hôtels traditionnels, ces établissements présentent souvent un rapport qualité-prix imbattable.

Transports
Madrid a la taille parfaite pour être arpentée à pied. Autre possibilité : prendre une carte courte durée pour le service de location de vélos en libre-service BiciMad. Pour les longs séjours, on opte pour le Metrobus 10 Viajes, utilisable dans le métro et le bus.

Visites
Tarifs réduits en général accordés aux étudiants, aux moins de 18 ans et aux plus de 65 ans.

Abono Paseo del Arte
→ *29,60€*
Avec cette carte, 20 % d'économies sur l'entrée des trois grands musées du Paseo del Arte : **Museo del Prado** (**C** C3), **Museo Reina Sofía** (**C** C4), **Museo Thyssen** (**C** B2).

Madrid d'en haut
Vue imprenable des toits du **Círculo de Bellas Artes** (**D** F4) et du **Palacio de Cibeles** (**C** C1).

Menu du jour
Proposé à midi en semaine dans la plupart des restaurants. Entrée, plat, dessert et boisson... à petits prix !

Marché aux puces
Le dimanche matin, **El Rastro** (**B** C1) offre de belles trouvailles aux amateurs de chine...

Spectacles
Comme à Broadway, la Gran Vía est le royaume des comédies musicales ! Réservations sur *www.entradas.com* qui propose de nombreuses réductions.

Se repérer à Madrid

À chaque quartier, son caractère et son atmosphère !

Centro / Los Austrias (A)
Le cœur historique (appelé aussi “Centro”) garde l’empreinte de la dynastie des Habsbourg (d’où son nom de “Los Austrias”) qui, à partir de 1561, fit de Madrid la capitale du royaume. Autour de la Plaza Mayor, palais et églises témoignent de cette époque faste – le Siècle d’or espagnol –, et ses ruelles pittoresques et ses nombreuses places piétonnes invitent à la flânerie.

Puerta del Sol (A)
La Plaza de la Puerta del Sol est incontournable dans la vie sociale de la cité. Les Madrilènes s’y donnent rendez-vous pour un café ou pour faire du shopping dans les rues très commerçantes (mode, accessoires, hi-fi) qui s’échappent vers le nord. Et le 31 décembre, toute l’Espagne avale douze raisins au rythme des coups de minuit de l’horloge de la Casa de Correos !

La Latina (B)
Plus bohème, moins touristique, La Latina est le prolongement festif du quartier historique de Los Austrias. De la Cava Baja à la Plaza de la Paja, La Latina est un entrelacs de ruelles et de places animées, ponctuées de demeures patriciennes. Le dimanche, c’est toute une foule en quête de la parfaite terrasse au soleil qui y afflue !

Lavapiés (B)
Les ruelles en pente de l’ancienne *judería* (quartier juif, jusqu’en 1492) médiévale accueillent aujourd’hui un véritable melting-pot multiculturel, entre Afrique, Asie et Amérique du Sud. Ce sud de la ville très cosmopolite, qui a longtemps souffert de sa mauvaise réputation, est actuellement le plus dynamique sur les plans associatif, culturel et artistique. En témoignent les expositions et ateliers de La Casa Encendida ou les spectacles et l’énergie de La Tabacalera.

Las Letras (C)
Cervantès, Lope de Vega et plus tard Hemingway résidèrent dans ce quartier plaisamment bohème du vieux Madrid (d’où son nom de “Las Letras”). Boutiques, galeries d’art, restaurants et bars de nuit se disputent aujourd’hui les rues piétonnes qui convergent vers la charmante Plaza de Santa Ana. Calmes le jour, elles s’enflamment le soir venu !

Paseo del Arte (C)
Le souvenir du Madrid des Bourbons imprègne le Paseo del Prado, aménagé par Charles III au XVIIIe s. Cette longue promenade égrène trois des plus illustres musées d’Europe : le Thyssen, le Prado et le Reina Sofía. À deux pas, le Jardin botanique et le Parque del Retiro, parc paysager de 118 ha où l’on aime à se réfugier quand la pression de la ville est trop forte, ou la chaleur étouffante...

Chueca (D)
À mi-chemin entre le quartier du Marais à Paris et celui de SoHo à New York, Chueca est le plus branché, le plus festif et le plus libre des quartiers madrilènes. Le jour, concept-stores, galeries et salons de piercing ; la nuit, bars et *coctelerías* pour une foule aussi libre qu’éclectique.

Malasaña (D)
Les rues de ce quartier furent le cadre de la Movida madrilène des années 1980. Malasaña revendique aujourd’hui encore son caractère alternatif et avant-gardiste. Les soirs de week-end, l’ambiance bat son plein autour de la Plaza del Dos de Mayo... À l’ouest de la Calle de San Bernardo, vers le Cuartel del Conde Duque, des rues plus calmes, plus résidentielles et moins outrancièrement branchées.

Salamanca (E)
Quartier bourgeois par excellence, Salamanca fut façonné dans la seconde moitié du XIXe s. selon le projet du marquis du même nom. Ses rues rectilignes, aux allures délibérément parisiennes, alignent boutiques de luxe et tables gastronomiques.

Chamberí (F)
Les rues de Chamberí, bordées d’immeubles bourgeois, convergent toutes vers la place qui a donné son nom à ce quartier résidentiel. Plus à l’ouest, une autre place, celle d’Olavide, accueille de nombreuses terrasses à l’ombre de ses arbres touffus.

LAVAPIÉS

Se repérer à Madrid

A Centro / Puerta del Sol
B La Latina / Lavapiés / Madrid Río
C Las Letras / Paseo del Arte / Retiro
D Gran Vía / Chueca / Malasaña
E Salamanca / Las Ventas
F Castellana / Chamberí / Casa de Campo

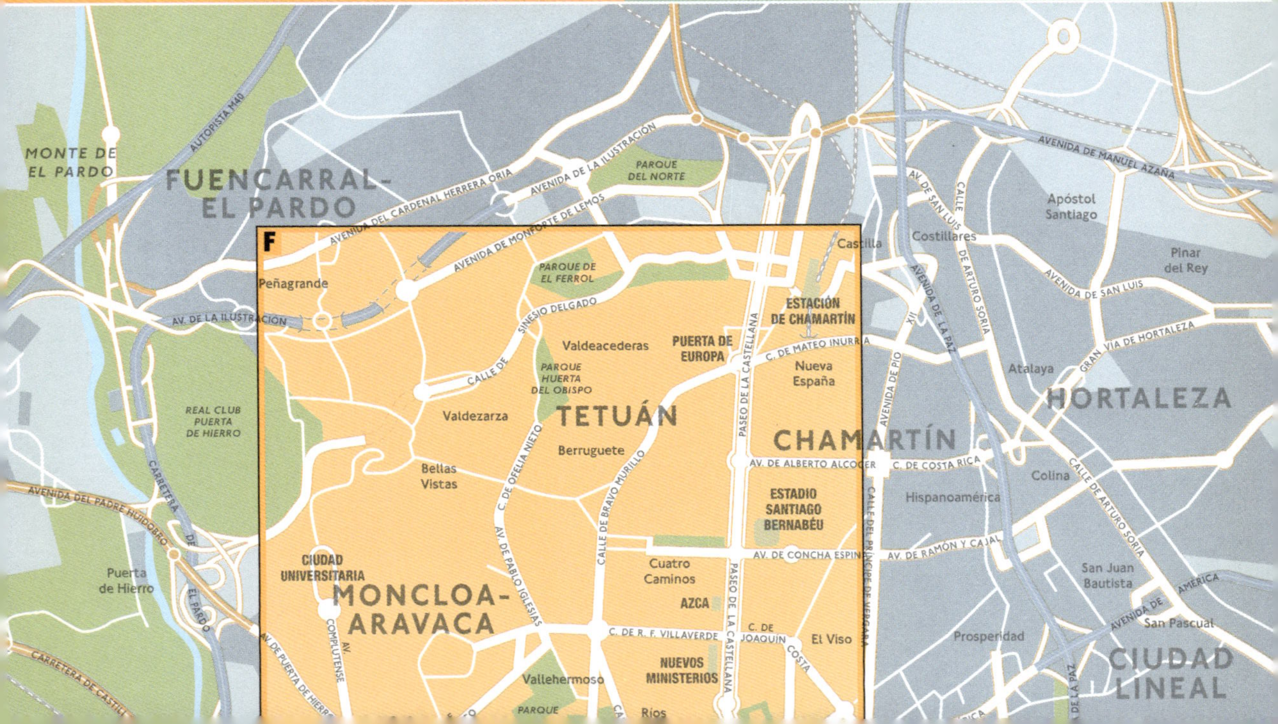

PLAZA DE LA PUERTA DEL SOL

REAL ACADEMIA DE BELLAS ARTES

MONASTERIO DE LAS DESCALZAS REALES

Les ruelles piétonnes du Centro, le vieux Madrid, se mêlent en un fabuleux maillage de places et de placettes. Du bouillonnement de l'emblématique Plaza Mayor à la quiétude de la Plaza de Oriente, de la solennité de la Plaza de la Villa au panache de la Puerta del Sol, véritable cœur de la cité, elles forment le cadre théâtral de la vie madrilène. Les plus vieilles boutiques, tables et tavernes y côtoient des églises Renaissance ou des demeures baroques. À l'ouest, le Madrid royal, celui des Bourbons, incarné par l'imposant Palacio Real et ses somptueux jardins. À Madrid, tout bouge, et pourtant, ici, rien n'a changé...

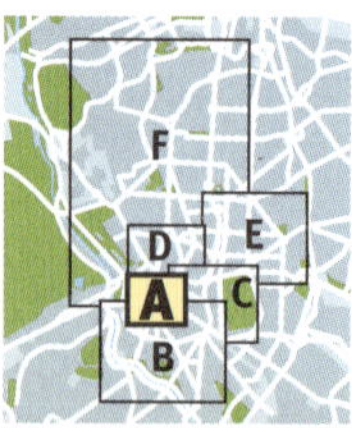

BOTÍN

LA BOLA

RESTAURANTS, TAPAS

Mercado de San Miguel C3 1
→ *Plaza de San Miguel*
Tlj. 10h-0h (1h ven.-sam.)
Un marché à l'architecture métallique (1915), temple de la gastronomie espagnole ! Comptoirs à tapas.

Gourmet Experience E1 2
→ *Plaza del Callao, 2*
Tél. 913 79 80 00
Lun.-sam. 10h-0h (1h ven.-sam.), dim. 11h-0h
Grimper au 9e étage du magasin Corte Inglés pour son espace gastronomique aux multiples comptoirs (burgers, sushis, pizzas, tapas, etc.). À déguster "*de Madrid al cielo*" : vue imprenable !

Bodegas Ricla D3 3
→ *C/Cuchilleros, 6*
Tél. 913 65 20 69 Mer.-lun. 13h-16h, 19h (19h30 ven.-dim.)-0h Fermé 2 sem. en été
Petite taille propice à la rencontre, vins directement tirés des jarres... Une taverne digne de ce nom ! Le superbe bar couvert d'azulejos passerait presque inaperçu tant ce lieu de caractère est animé par ses fidèles. Tapa 3-10€.

Casa Ciriaco B3 4
→ *C/Mayor, 84*
Tél. 915 48 06 20 Sep.-juil. : jeu.-mar. 13h-16h, 20h-0h
Cette taverne de 1867 accueille le Tout-Madrid de la politique, des arts et de la tauromachie. Menu dédié chaque jour à un plat : perdrix, *callos* (tripes) *a la madrileña*, *pepitoria de gallina* (friand à la poule). Plat 9-20€.

Botín D3 5
→ *C/Cuchilleros, 17*
Tél. 913 66 42 17
Tlj. 13h-16h, 20h-0h
Le plus vieux restaurant du monde (1725) s'enorgueillit d'une spécialité : le cochon de lait. Touristique, mais mythique. Plat 11-27€.

Casa Labra E2 6
→ *C/Tetuán, 12*
Tél. 915 31 00 81
Tlj. 11h-15h30, 17h30-23h
Assaillie à l'heure des tapas, une institution, où le parti socialiste espagnol fut fondé en 1879. Debout, on y savoure des croquettes à la morue. Restaurant en arrière-salle. Plat 12-19€.

La Bola C1 7
→ *C/Bola, 5 Tél. 915 47 69 30*
Juil.-août : lun.-ven. 13h30-16h, 20h30-22h30 ; sam. 13h30-16h / sep.-juin : lun.-sam. 13h30-16h, 20h30-22h30 ; dim. 13h30-16h
Depuis 1870, le *cocido* (pot-au-feu) *madrileño* est ici réalisé de main de maître.

JOY ESLAVA

MATY

MARIANO CONDE

Autres délices : agneau de lait, beignets aux pommes. Réserver. Plat 16-30€.

CAFÉS, BARS, CLUBS

Chocolatería San Ginés D2 8
→ *Pasadizo de San Ginés, 5*
Tél. 913 65 65 46 Tlj. 24h/24
Son légendaire *chocolate con churros* est toujours aussi divin : en témoigne la file d'attente à toute heure de la nuit !

Café de Oriente B2 9
→ *Plaza de Oriente, 2*
Tél. 915 47 15 64
Tlj. 8h30 (9h dim.)-1h30
La lumière pénètre à flots à travers les baies vitrées de cet élégant café situé sur la Plaza de Oriente. Sa terrasse est un must aux beaux jours.

Café Berlín D1 10
→ *Costanilla de los Ángeles, 20*
Tél. 915 59 74 29 Mar.-dim. 20h30-6h www.berlincafe.es
La chaleur de la soul, du tango ou du flamenco, version *live* à la new-yorkaise… Parmi les meilleures scènes de Madrid, ce repaire de passionnés promet des nuits pimentées ! DJ à partir de minuit.

Sala Sol F1 11
→ *C/Jardines, 3*
Tél. 915 32 64 90 Jeu.-sam. 22h-5h30 (21h30 les soirs de concert) www.elsolmad.com
Si Sala Sol tourne le dos aux clubs branchés, ce n'est que pour mieux garder l'essentiel : un public déchaîné qui danse, chante et sait s'amuser ! Concerts, puis clubbing.

Joy Eslava D2 12
→ *C/Arenal, 11*
Tél. 913 66 54 39 Tlj. 0h-5h30 (20h30 les soirs de concert) www.joy-eslava.com
La boîte de nuit la plus connue de Madrid. Tous les publics se mêlent dans un théâtre de 1850 ! Concerts en début de soirée.

SHOPPING, HAMMAM

Maty D2 13
→ *C/Maestro Victoria, 2*
Tél. 915 31 32 91
Lun.-sam. 10h-13h45 (14h sam.), 16h30-20h
Festival de couleurs dans ce vaste magasin spécialisé en tenues de flamenco et de danse classique. L'étage dédié aux déguisements est dévalisé en période de carnaval.

Casa de Diego E2 14
→ *Plaza de la Puerta del Sol, 12 Tél. 915 22 66 43*
Lun.-sam. 9h30-20h
Accessoire typiquement espagnol, l'éventail a ici sa maison ! Faits main par la famille Llerandi depuis quatre générations, qu'ils soient de bois, de nacre ou de dentelle, ils sont tous délicats et précieux. Cannes et parapluies ont aussi une place de choix.

La Melguiza C2 15
→ *C/Santiago, 12*
Tél. 915 47 93 23 Lun.-sam. 11h-14h30, 17h30-20h30
Une boutique design spécialisée dans le safran espagnol bio. Ce produit gourmet est proposé brut, ou décliné sous des formes étonnantes : bonbons, chocolat, marmelade, gelée au vin, miel, huile d'olive, et même produits cosmétiques et bougies aromatiques.

Mariano Conde C2 16
→ *C/Amnistía, 1*
Tél. 915 21 81 55
Lun.-ven. 9h30-14h, 17h-20h ; sam. 9h30-14h
Mariano a deux passions : la guitare et son fils à qui il a tout transmis. Tous deux dessinent et fabriquent les guitares aux yeux de tous. Fiers, ils prendront le temps de parler de leurs fidèles clients : Paco de Lucía, Leonard Cohen, Lenny Kravitz…

Convento del Corpus Christi C3 17
→ *Plaza del Conde de Miranda Tél. 915 48 37 01*
Tlj. 9h30-13h, 16h30-18h30
Expérience insolite pour se procurer les douceurs des sœurs de ce couvent : sonner, suivre les flèches qui mènent à un tourniquet, choisir ses pâtisseries, tourner, puis… savourer !

El Kinze de Cuchilleros D3 18
→ *C/Cuchilleros, 15*
Tél. 913 66 58 87
Lun.-sam. 9h-20h (14h sam.)
120 ans d'histoire(s) pour les fauteuils de ce barbier qui en ont vu passer ! Le plus vieux et le meilleur de Madrid.

Casa Hernanz D3 19
→ *C/Toledo, 18*
Tél. 913 66 54 50
Lun.-ven. 9h-13h30, 16h30-20h ; sam. 10h-14h
La file d'attente estivale serpente dans la rue… C'est le prix à payer pour s'offrir des espadrilles de la célèbre maison Hernanz, fondée en 1845.

Hammam Al Andalus E3 20
→ *C/Atocha, 14*
Tél. 914 29 90 20 Tlj. 10h-22h
Traditionnels bains arabes au cœur du Madrid médiéval. L'atmosphère exquise des bains parfumés, chauds, tièdes ou froids invite au voyage. Soins relaxants et parcours de 1h30 à partir de 35€.

PLAZA MAYOR

BASÍLICA PONTIFICIA DE SAN MIGUEL

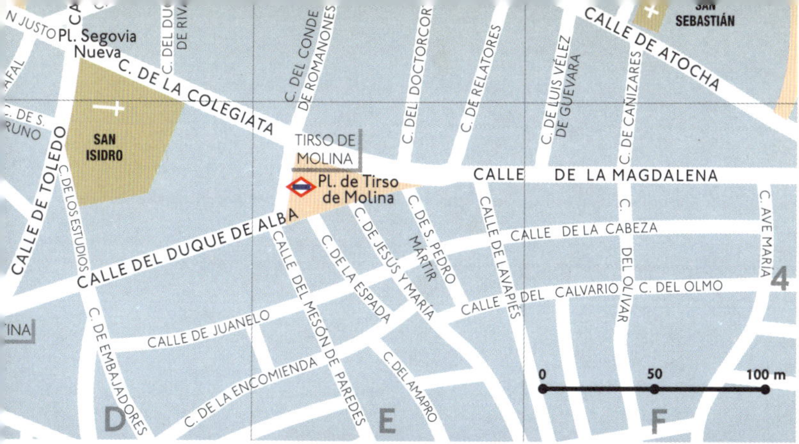

◀ Plan B

ALACIO REAL

JARDINES DE SABATINI

architecture madrilène
ont représentées sur cette
etite place, autour de la
atue d'Alvaró de Bazán
miral décédé à la veille
e commander l'Invincible
mada) : Torre de
s Lujanes (fin XVe s.),
udéjare avec son
orche gothique en fer
cheval, Casa de Cisneros
537), plateresque, et Casa
e la Villa (1640), baroque.

★ Nuestra Señora e la Almudena A2
→ *C/Bailén, 10 Tél. 915 42 22 00*
l.-août : tlj. 10h-21h ;
p.-juin : tlj. 9h-20h30
usée Lun.-sam. 10h-14h30
ommencés en 1872, les avaux de la cathédrale de Madrid ne prirent fin qu'en 1992, d'où un assemblage de styles éclectique : façade néoclassique, intérieur néogothique et crypte néoromane (*C/Mayor, 90*). C'est ici que fut célébré le mariage de Philippe VI avec Letizia Ortiz, en 2004. Vue exceptionnelle de la coupole du musée.

★ Palacio Real A1
→ *C/Bailén Tél. 914 54 88 00*
Tlj. 10h-19h (17h oct.-mars)
Achevé en 1755 sur les ruines de l'*alcázar* maure (détruit par un incendie en 1734), le Palais royal (ou palais d'Orient) fut la résidence des Bourbons jusqu'en 1931. La visite promet de vives émotions : grandiose escalier d'apparat, délire d'ors et de lustres dans la salle à manger de gala, stucs rococo dans le salon Gasparini, tableaux de Velázquez, Goya ou Rubens, fresques de Tiepolo... Ne pas manquer la relève de la garde solennelle (1er mer. du mois), ou le changement, plus court (autres mer. et le sam.). Voir aussi p. 3.

★ Jardines de Sabatini A1
→ *C/Bailén, 2*
Tlj. 9h-22h (21h oct.-avr.)
Au nord du palais, ce romantique labyrinthe de verdure disciplinée, havre de fraîcheur, a remplacé les écuries royales en 1930. On aime à se perdre dans ses allées ombragées...

★ Campo del Moro A1
→ *Paseo de la Virgen del Puerto (unique entrée)*
Tlj. 10h-20h (18h oct.-mars)
Le parc du Palacio Real, dessiné au XIXe s., tire son nom d'un campement maure au Moyen Âge. Pelouses et bosquets pour le jardin à l'anglaise ; statues et fontaines pour le jardin à la française. Une famille de paons a élu domicile près de l'étang et d'une roseraie.

BIBLIOTECA ESCUELAS PÍAS

LA TABACALERA

LA CASA ENCENDIDA

★ Plaza de la Paja C1
L'une des places les plus paisibles de La Latina, aux airs provinciaux… Cœur des échanges agricoles au Moyen Âge, elle est aujourd'hui bordée de cafés, et l'on y joue au foot ou à la pétanque. Côté nord, l'adorable Jardín del Príncipe de Anglona, de style romantique.

★ Basílica de San Francisco el Grande B1
→ *Plaza de San Francisco, 1*
Tél. 913 65 38 00
Juil.-sep. : mar.-dim. 10h30-12h30, 17h-19h ; oct.-juin : mar.-sam. 10h30-12h30, 16h-18h
Une basilique élevée à la fin du XVIIIe s. sur les fondations d'un ancien couvent du XIIIe s., qu'aurait fait ériger saint François d'Assise. Vaste coupole de 33 m de diamètre. Sur la gauche, une chapelle peinte par Goya où il s'est lui-même représenté.

★ Colegiata de San Isidro C1
→ *C/Toledo, 37*
Tlj. 7h30-13h, 18h-21h (19h-21h été) Pas de visite lors des offices
Jusqu'à la consécration de Nuestra Señora de la Almudena (**A** A2) en 1993, San Isidro, dédiée au saint patron de Madrid, a fait office de cathédrale. Cette collégiale baroque, chère aux Madrilènes, fut achevée par les Jésuites en 1664.

★ El Rastro C1
→ *Plaza de Cascorro Dim. 9h-15h*
Le Rastro est plus qu'un marché aux puces : c'est un rite dominical ! Vers midi, la foule est si dense qu'elle impose son itinéraire au promeneur… Au fil d'éventaires de bric et de broc se déploie un déballage d'objets des plus hétéroclites !

★ Plaza de Lavapiés D1
Cette petite place illustre le caractère cosmopolite du quartier du même nom : Africains et Sud-Américains y palabrent des heures, tandis que les anciens y sirotent un café. Côté sud, le Centre dramatique national Valle-Inclán (2006) apporte une touche contemporaine. Vers le sud-ouest, Calle Mesón de Paredes (angle C/Tribulete), un bel exemple de *corrala*, ces typiques immeubles colorés construits à partir du XVIe s.

★ Biblioteca Escuelas Pías D2
→ *C/Sombrerete, 15*
Tél. 914 67 58 43
Fermée pour rénovation
Une atmosphère studieuse règne dans cette ancienne église (1791) devenue bibliothèque. Pillés par les troupes napoléoniennes en 1808, saccagés durant la guerre civile, laissés à l'abandon ensuite (en témoignent la façade et

PLAZA DE LA PAJA

BASÍLICA DE SAN FRANCISCO EL GRANDE

B

La Latina / Lavapiés / Madrid Río

Dans le sud du vieux Madrid, les ruelles du quartier bohème de La Latina s'étirent en pente douce vers son grouillant marché aux puces : El Rastro. Puis les églises et les bars à tapas laissent peu à peu la place à des temples de l'alternatif : la bourdonnante Tabacalera, la contemporaine Casa Encendida... On est à Lavapiés, le Madrid de toutes les cultures. De l'Afrique à l'Asie, ce quartier populaire affiche un vibrant métissage. Plus loin au sud, les rives du Manzanares ont été rendues aux promeneurs et aux cyclistes : c'est le Madrid Río, grand projet de ces dernières années, où sont nés jardins, passerelles, jeux, plage urbaine, et un géant culturel, le Matadero.

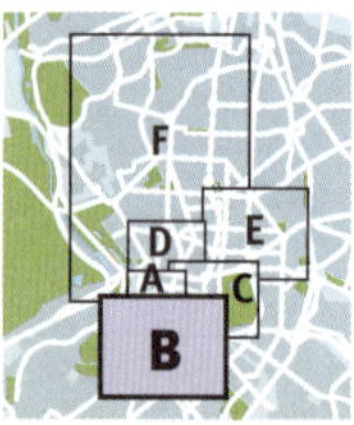

CASA LUCIO

PUM PUM CAFÉ

RESTAURANTS, TAPAS

La Chata C1 (1)
→ *C/Cava Baja, 24*
Tél. 913 66 14 58 Mar.-mer. 20h30-0h30 ; jeu.-lun. 13h30-16h30, 20h30-0h30
Reconnaissable à sa façade en faïence, ce bar-restaurant de la Cava Baja est un incontournable du circuit tapas du week-end. Plein à craquer ! Tapa 3-9€.

Café Teatro E4 (2)
→ *Paseo de la Chopera, 14*
Tél. 914 73 24 73 Tlj. 10h-22h30
Entre deux expos au Matadero, pause détente dans cet ancien théâtre. À la carte : un peu de chaque continent, à déguster sur les gradins, sur la scène ou en terrasse. Plat 8-15€.

Posada del León de Oro C1 (3)
→ *C/Cava Baja, 12*
Tél. 911 19 14 94
Tlj. 13h30-16h, 20h-23h30
Une *corrala* du XIXe s., ou l'occasion d'un petit voyage dans le temps... S'y intègrent parfaitement une cuisine traditionnelle revisitée et une cave à vins, visible sous un sol de verre ! Plat 11-19€.

Casa Lucio C1 (4)
→ *C/Cava Baja, 35*
Tél. 913 65 32 52 Sep.-juil. : tlj. 13h-16h, 20h30-0h
Un must de la vieille ville, table prisée de la famille royale, des vedettes du showbiz et du sport, pour l'excellence de ses plats du pays. Plat 14-30€.

Casa Patas D1 (5)
→ *C/Cañizares, 10*
Tél. 913 69 04 96 Lun.-jeu. 13h-16h, 20h-23h30 (spectacle 22h30) ; ven.-sam. 18h30-1h (spectacle 20h, 22h30)
Une maison réputée pour son spectacle de flamenco. Au restaurant, soutenu par des piliers en fer forgé et paré de photos d'artistes passés ici, on se sustente – entre autres – de queue de taureau à l'étuvée. Plat 15-30€.

CAFÉS, BARS

Pum Pum Café D2 (6)
→ *C/Tribulete, 6*
Tél. 911 99 98 54
Tlj. 9h (10h w.-e.)-20h
Le repaire des artistes du coin, qui viennent pour un œuf Bénédicte (à tomber) ou un gâteau cuisiné par *la madre del patron*. C'est frais, c'est bon, c'est bio, et à toute heure de la journée.

Nuevo Café Barbieri D1 (7)
→ *C/Ave María, 45*
Tél. 915 27 36 58 Tlj. 9h-1h

A BUGA DEL LOBO

CORRAL DE LA MORERÍA

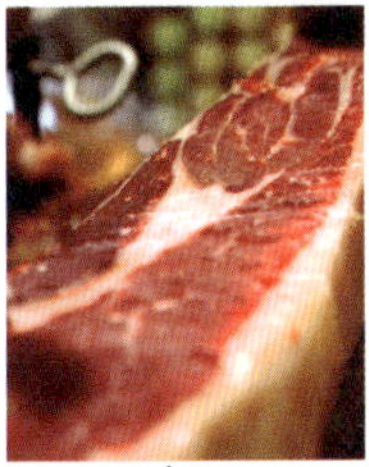
ALMA DE JULIÁN BECERRO

Dans ce café de caractère, d'imposants miroirs vieux de 150 ans et une horloge arrêtée, comme une invitation à s'éterniser...

El Viajero C1 8
→ *Plaza de la Cebada, 11*
Tél. 913 66 90 64 Mer.-dim. 12h-1h30 (3h30 ven.-sam. ; 2h30 dim.)
Pour son brunch, son toit-terrasse, ses cocktails et son côté new-yorkais, au cœur de la vibrante Latina ! Un peu victime de son succès toutefois.

Delic Café C1 9
→ *Costanilla de San Andrés, 14*
Tél. 913 64 54 50 Avr.-oct. : lun. 19h-2h, mar.-dim. 11h-2h (3h ven.-sam.) ; nov.-mars : mar.-dim. 11h-2h (3h ven.-sam.)
Célèbre pour ses mojitos, et agréablement situé sur une placette, un café-bar à l'ambiance "globe-trotter" détendue. Parfait aussi pour un en-cas.

Terraza El Ventorrillo B1 10
→ *C/Bailén, 14*
Tél. 913 66 35 78
Avr.-oct. : tlj. 11h30-1h (2h jeu.-ven.)
On y vient admirer le coucher du soleil, sublimé par La Almudena, un verre à la main...

La Buga del Lobo E2 11
→ *C/Argumosa, 11*
Tél. 915 28 88 38
Tlj. 12h-0h30 (2h jeu. ; 2h30 ven.-dim.)
Un bar à la clientèle alternative et cool. Les fresques exotiques ont été dessinées par un tatoueur de renom. Le soir, terrasse à l'image du quartier : vivante !

FLAMENCO, BARS DE NUIT

Corral de la Morería B1 12
→ *C/Morería, 17*
Tél. 913 65 84 46 ***Spectacle*** *Tlj. 20h, 22h (22h30 ven.-sam.)*
www.corraldelamoreria.com
Un des *tablaos* les plus courus, pour sa longue tradition et la puissance de son flamenco. Les meilleures tables sont réservées à ceux qui y dînent.

Candela D1 13
→ *C/Olmo, 2*
Tél. 914 67 33 82 / 651 53 37 39
Tlj. 22h-5h30
Assurément le flamenco le plus authentique de Madrid. L'âme des plus grands règne dans cette grotte aux airs de patio andalou qui vit jusqu'au petit matin. Pur et spontané.

Theredoom La Terraza E1 14
→ *C/Dr. Fourquet, 1-3*
Tél. 674 25 85 83
Mar.-sam. 12h-15h, 20h-0h (2h ven.-sam.)
Bar étrange tout droit sorti d'un film de Kubrick ? Ou galerie d'art ? L'un dans l'autre ! Pour un daïquiri détonant.

Marula Café B1 15
→ *Cuesta Caños Viejos, 3 (à l'angle de C/Bailén, sous le pont) Tél. 913 66 15 96 Horaires variables en fonction des concerts, consulter le site marulacafe.com*
Rythmes funk, soul et jazzy chauffent la piste de ce bar d'habitués, intime.

Mi Madre era una Grupie E1 16
→ *C/Santa Polonia, 5*
Tél. 609 14 37 47
Jeu.-sam. 22h-3h (3h30 ven.-sam.)
Les murs nostalgiques affichent Bowie, Jagger, Dylan et autres idoles, pendant que les "groupies" dansent sous la boule à facettes. Joyeusement underground.

Berlín Cabaret 1930 C1 17
→ *C/Costanilla de San Pedro, 11*
Tél. 913 66 20 34
Mer.-sam. 23h-5h30
www.berlincabaret.com
La nuit tombe, le Berlín Cabaret s'éveille... Mi-club mi-cabaret, il promet une soirée agrémentée de shows de haute volée !

SHOPPING

Alma de Julián Becerro C1 18
→ *C/Cava Baja, 41*
Tél. 913 66 15 24 Tlj. 10h-22h
Difficile de ne pas saliver sous les grappes de jambons charnus suspendus au plafond !

Mercado de Motores F3 19
→ *Paseo de las Delicias, 61*
2e w-e. du mois 11h-22h (21h dim.)
Quand le plus grand marché vintage de Madrid s'invite au Museo del Ferrocarril, chéri des familles, il amène avec lui ses jongleurs, ses *foodtrucks* fumants et bien sûr ses stands qui font la joie des chineurs ! Adoré des Madrilènes. D'autres marchés (thématiques) les autres w.-e.

Marchés de La Latina et Lavapiés
Deux quartiers réputés pour leurs vibrants marchés ! L'attachant **Mercado de la Cebada** (**B** C1) et le charme de ses vieux artisans, le populaire **San Fernando** (**B** D2) et ses musiciens du week-end qui font danser les Madrilènes, le traditionnel **Antón Martín** (**B** E1), son école de danse et l'animation de la Calle de Santa Isabel...

OLEGIATA DE SAN ISIDRO

EL RASTRO

PLAZA DE LAVAPIÉS

▶ Plan C

CINE DORÉ

MADRID RÍO

dôme étêté), les bâtiments t été magnifiquement ıabilités en 2001.

★ La Tabacalera D2
C/Embajadores, 53
ır.-dim. 12h (11h w.-e.)-20h
vw.latabacalera.net
e ancienne fabrique à ares occupée et autogérée · des milliers d'artistes, i s'y expriment par tous pores ! Art contemporain urbain, danse ethnique, ncerts, jardin intérieur... univers psychédélique, uillonnant, inspirant ouvert à tous.

★ La Casa Encendida
Ronda de Valencia, 2
902 43 03 22 Mar.-dim. 10h-22h www.lacasaencendida.es
Performances, photo, vidéo, musique ou architecture : aux quatre étages de cette "maison allumée", l'art contemporain prend toutes les formes. Les ateliers gratuits de radio, cinéma ou photo en font un lieu de vie, et certains soirs d'été les DJ enflamment la terrasse !

★ Cine Doré E1
→ C/Santa Isabel, 3
Tél. 913 69 11 25 ***Séances***
Mar.-dim. à partir de 17h30
Un must de la vie culturelle madrilène. Ce superbe cinéma des années 1920, lieu de projection et d'exposition de la Cinémathèque espagnole, programme quatre films par jour, de tous horizons et toujours en VO, pour un prix minime ! À voir : la salle principale et son plafond aux fresques teintées de bleu. Librairie et café attenants.

★ Madrid Río C3
Après huit ans de travaux, le périphérique a été enterré, les 33 000 arbres ont poussé et les rives du Manzanares ont ressuscité ! Du baroque pont de Toledo aux ponts jumeaux (Invernadero et Matadero) parés de fresques en mosaïque, en passant par la passerelle de la Arganzuela (signée Dominique Perrault), Madrid Río a transformé la capitale. Pistes cyclables, location de vélo (Mobeo, sur la Pl. de Legazpi), plage urbaine, terrains de sport, serres et coulée verte... Un paradis pour les promeneurs. Voir *Les balades* (**G**).

★ Matadero E4
→ Plaza de Legazpi, 8
Mar.-dim. 16h (12h w.-e.)-21h
www.mataderomadrid.org
Gigantesque complexe de brique rouge (150 000 m^2), jadis abattoir, converti en centre culturel voué à la création contemporaine : Cinoteca (films d'auteur), Casa del Lector (conférences, bibliothèque), théâtre, expositions, festivals... des plus stimulants !

◄ Plan B

MUSEO DEL PRADO

REAL JARDÍN BOTÁNICO

CAIXA FORUM

★ Plaza de Santa Ana A2

Les ruelles les plus animées convergent vers cette place, repaire des artistes et des intellectuels. Ses cafés patinés par le temps y étalent leurs terrasses, tandis que se font face le mythique hôtel Victoria et le Teatro Español, l'un des plus anciens de Madrid (1583).

★ Museo Thyssen B2

→ *Paseo del Prado, 8*
Tél. 902 76 05 11
Lun. 12h-16h, mar.-dim. 10h-19h
Installée dans le palais de Villahermosa (XVIIIe s.), la collection du baron Thyssen-Bornemisza retrace l'histoire de l'art occidental, des primitifs à l'avant-garde du XXe s. En 2004, la baronne inaugura une nouvelle aile, ajoutant sa collection d'impressionnistes et de postimpressionnistes à celle de son mari. Parmi le millier de toiles, des œuvres majeures de Rubens, Degas, Gauguin, Van Gogh, Picasso, Kandinsky... Voir aussi p. 7.

★ Palacio de Cibeles C1

→ *Plaza de Cibeles, 1*
Tél. 914 80 00 08
Mar.-dim. 10h-20h
***Mirador** 10h30-14h, 16h-19h30*
Pompeux édifice des Postes au splendide intérieur années 1930 : portes à tambour, ferronneries en laiton, vitraux, colonnes et sol de marbre. La mairie de Madrid y est installée depuis 2007, ainsi que le centre culturel CentroCentro. Expositions, café, restaurant et *mirador* (superbes vues). Sur la place, imposante fontaine de Cybèle (1782), déesse de la Terre et emblème de Madrid.

★ Museo Naval C2

→ *Paseo del Prado, 5*
Tél. 915 23 85 16
Mar.-dim. 10h-19h (15h août)
Maquettes, cartes anciennes, instruments, tableaux... Toute l'histoire illustrée de la Marine espagnole depuis le XVe s. : de la première carte figurant l'Amérique (1500) au dernie[r] porte-avions militaire, en passant par la stratégie de Trafalgar (1805).

★ Parque del Retiro E[3]

Le vaste parc paysager de Madrid, aménagé en 1869, convie aux distractions de plein air : kiosque à musiqu[e], théâtre de marionnettes, balades en barque sur le lac... Voir aussi p. 9.

Palacio de Cristal E3
→ *Tél. 917 74 10 00*
Tlj. 10h-22h (18h oct.-mars)
Tout en légèreté et transparences, ce palais de verre et de fer se reflète joliment dans son étang. Il fut bâti par Ricardo Velázquez Bosco sur le

PLAZA DE SANTA ANA

MUSEO THYSSEN

PALACIO DE CIBELES

De la Plaza de Cibeles, au nord, à la gare d'Atocha, au sud, le Paseo del Prado (baptisé Paseo del Arte, ou "promenade des Arts") affiche, entre fontaines et statues, un air solennel en accord avec le prestige des musées qu'il dessert : le Thyssen, le Prado, le Caixa Forum et le Reina Sofía ! L'esprit nourri, un détour par le quartier animé de Las Letras, à l'ouest, rassasiera les appétits : la charmante Plaza de Santa Ana et la Calle de las Huertas collectionnent restaurants et bars à tapas. À l'est se déploie le ravissant parc du Retiro, vaste enclave bucolique chère au cœur des Madrilènes.

LATERAL

LA BODEGA DE LOS SECRETOS

RESTAURANTS, TAPAS

Los Gatos B3 1
→ *C/Jesús, 2 Tél. 914 29 30 67 Tlj. 11h-0h (1h30 ven.-sam.)*
Idéal *para tapear* ! Dans cette rue se succèdent les plus vieilles *cervecerías* de Madrid, et toutes débordent d'ambiance. À Los Gatos, corrida et football font la déco : on ne peut plus typique et toujours bondé ! Tapa 2-12€.

Lateral A2 2
→ *Plaza de Santa Ana, 12 Tél. 914 20 15 82 Tlj. 12h-0h (1h jeu.-sam.)*
La formule de son succès ? Des recettes du monde entier version tapas à prix cassés. Ici, tout est bon ! Arriver tôt. Sept autres adresses à Madrid. *Ración* 5-13€.

Cervecería alemana A2 3
→ *Plaza de Santa Ana, 6 Tél. 914 29 70 33 Mer.-lun. 11h-0h30 (2h ven.-sam.)*
Emblématique bar à tapas de Madrid fondé en 1904 ; Hemingway y avait ses habitudes ! Large choix de sandwichs et tapas prestement servis par des garçons de café en veste blanche. *Ración* 6-15€.

(H)arina D1 4
→ *Plaza de la Independencia, 10 Tél. 915 22 87 85 Tlj. 8h30-20h*
Couleurs tendres et nourriture simple (sandwichs, salades, tartes maison) dans cette boulangerie-salon de thé. Terrasse face à la Puerta de Alcalá. Plat 7-15€.

Casa González A2 5
→ *C/León, 12 Tél. 914 29 56 18 Juil.-août : lun.-sam. 18h30-0h (1h ven.-sam.) ; sep.-juin : lun.-sam. 9h30-0h, dim. 11h30-17h*
Depuis 1931, une grande sélection de vin, fromage, charcuterie et autres produits gourmets à déguster sur place ou à emporter. Plat 10-17€.

Florida Retiro F1 6
→ *Paseo de la República de Panamá, 1 Tél. 918 27 52 75 floridaretiro.com*
Une pépite ! Elle s'épanouit de jour comme de nuit au cœur du Retiro. Pour les uns, un espace tapas et des stands de dégustation, pour les autres le restaurant La Pergola... Et pour ceux que rien n'arrête, le fabuleux, le légendaire, l'inoubliable Florida Park, un dîner-spectacle-cabaret-club où tous les excès sont permis !

TriCiclo B3 7
→ *C/Santa María, 28 Tél. 910 24 47 98 Lun.-sam. 13h30-16h, 20h-0h*

ALMÓN GURÚ

VILLA ROSA

CASA MIRA

Trois chefs... pour papilles en fête ! Le concept ? Rendre la cuisine gastronomique accessible et satisfaire les épicuriens curieux en proposant les plats dans les portions de leur choix. Explosion de saveurs garantie ! Réserver. Plat 13-29€.

La Bodega de los Secretos C3 8
→ *C/San Blas, 4*
Tél. 914 29 03 96
Lun.-sam. 13h-15h30, 20h30-23h ; dim. 13h30-15h30
Pour le dîner le plus romantique de la capitale, pénétrer dans ce cellier du XVIIe s., labyrinthe de galeries et d'alcôves... Un lieu unique, chargé d'histoire et de secrets. Carte contemporaine. Réserver. Plat 15-24€.

CAFÉ, BARS, CLUBS

La Venencia A2 9
→ *C/Echegaray, 7*
Tél. 914 29 73 13 Tlj. 13h-15h30, 19h30-1h (1h30 ven.-sam.)
Pas de musique, pas de bière, des murs décrépits... Cette vieille taverne figée dans le temps reste délicieusement authentique. Le rugueux patron ne sert que des vins de Xérès et des tapas de cette région du sud de l'Andalousie.

Salmón Gurú A2 10
→ *C/Echegaray, 21*
Tél. 910 00 61 85 Mar.-dim. 17h-2h (2h30 ven.-sam.)
Il est le meilleur *bartender* de Madrid, il s'appelle Diego Cabrera et sa nouvelle *coctelería* propulse dans un univers de manga ! Néons multicolores et cocktails électrisants.

Café Central A2 11
→ *Plaza del Ángel, 10*
Tél. 913 69 41 43 Tlj. 12h30-2h30 (3h30 ven.-sam.)
www.cafecentralmadrid.com
Beau cadre rétro : vitraux, miroirs, guéridons en marbre. Ce café-concert très actif (*live* chaque soir 21h-23h) s'ouvre à tous les jazz : street jazz, tango contemporain... Également restaurant.

Villa Rosa A2 12
→ *Plaza de Santa Ana, 15*
Tél. 915 21 36 89
Spectacles Été : tlj. 21h, 22h45 ; hiver : tlj. 20h, 22h30 www.tablaoflamencovillarosa.com
Préféré d'Almodóvar, où il tourna *Talons aiguilles*, ce *tablao* de 1911 se distingue par sa sublime façade en mosaïque et la grâce de ses danseuses. 35€ avec un verre offert.

Ramsés D1 13
→ *Plaza de la Independencia, 4*
Tél. 914 35 16 66 Tlj. 11h-2h
Fief des poches cousues d'or, ce bar-club-resto dessiné par Starck sacralise l'abondance : dorures, chandeliers et champagne à gogo.

Mondo Disko A2 14
→ *C/Alcalá, 20 (Sala Cocó)*
Jeu., sam. 0h-6h
www.mondodisko.es
Une des scènes électro les plus courues de la ville.

SHOPPING

Lhardy A2 15
→ *Carrera de San Jerónimo, 8*
Tél. 915 21 33 85 Lun.-ven. 9h-22h, w.-e. 10h-22h (15h dim.)
Horaires variables en été
Depuis 1839, une épicerie fine dans un décor tout en miroirs. On y trouve aussi des gourmandises sucrées et salées, sur place au comptoir ou à emporter. Restaurant fastueux à l'étage.

La Violeta A2 16
→ *Plaza de Canalejas, 6*
Tél. 915 22 55 22
Sep.-juil. : lun.-sam. 10h-20h
Cette confiserie fondée en 1915 a bâti sa réputation sur... le bonbon à la violette ! Un petit bijou sucré et fleuri particulièrement célèbre à Madrid.

Casa Mira A2 17
→ *Carrera de San Jerónimo, 30*
Tél. 914 29 88 95 Sep.-juin : lun.-sam. 10h-14h, 17h-21h ; dim. 10h30-14h30, 17h30-21h (fermé dim. juin et sep.)
On confectionne ici, depuis 1842, *turrones* tendres (de Jijona) et durs (d'Alicante), *mazapanes* (pâtes d'amandes) et autres douceurs. Une étape obligée à Noël !

Real Fábrica B2 18
→ *C/Cervantes, 9*
Tél. 911 25 20 21
Tlj. 11h-21h (19h dim.)
Le design et l'artisanat espagnol (déco, épicerie...) sous leur meilleur jour. Du plus traditionnel au plus iconique, et pour tous les budgets.

La Integral A3 19
→ *C/León, 25 Tél. 914 29 69 18*
Fév.-oct. : lun.-sam. 11h-15h, 17h-21h / nov.-jan. : lun.-sam. 11h-21h ; dim. 12h-15h
Une ancienne boulangerie (la devanture est intacte) transformée en boutique par deux jeunes créatrices. Vinyles, tee-shirts excentriques, accessoires déco et idées cadeaux.

Cuesta de Moyano D4 20
→ *C/Claudio Moyano*
Tlj. 10h-20h (15h w.-e.)
Horaires variables
Des bouquinistes investissent cette large allée bordant le jardin botanique : une jolie balade, promesse de jolies trouvailles !

MUSEO NAVAL

PARQUE DEL RETIRO

▶ Plan E

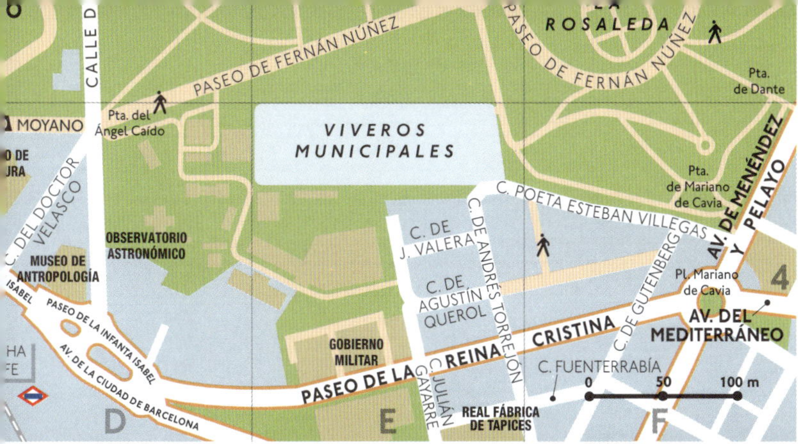

USEO REINA SOFÍA

ESTACIÓN DE ATOCHA

odèle du fameux Crystal alace londonien, pour Exposition coloniale de 387. Expos temporaires art contemporain.

★ Museo del Prado C3
→ *C/ Ruiz de Alarcón, 23*
l. 913 30 28 00
. 10h-20h (19h dim.)
un des plus prestigieux usées de beaux-arts u monde ! Chefs-d'œuvre es plus grands maîtres e la peinture européenne e Greco, Rubens, Véronèse, tien, Rembrandt), avec n vedettes : *Le Jardin es délices* (1500) de Bosch, *s Ménines* (1656) de elázquez et les *Peintures ires* (1823) de Goya. Aussi 500 sculptures romaines, Renaissance ou baroques. Voir aussi p. 6.

★ Real Jardín Botánico C3
→ *Plaza de Murillo, 2*
Tél. 914 20 30 17
Tlj. 10h-coucher du soleil
Un havre de paix au milieu du gazouillis des oiseaux et des fontaines. 30 000 plantes y prospèrent, dans trois serres reproduisant leurs conditions climatiques naturelles.

★ Caixa Forum C3
→ *Paseo del Prado, 36*
Tél. 913 30 73 00 Tlj. 10h-20h
La fondation La Caixa a annexé en 2008 cette ancienne centrale électrique (fin XIXe s.), magnifiquement repensée par les architectes Herzog & de Meuron et parée d'un "jardin vertical". Expositions temporaires très courues (peinture, photo, vidéo, etc.) et restaurant.

★ Museo Reina Sofía C4
→ *C/Santa Isabel, 52*
Tél. 917 74 10 00
Mer.-lun. 10h-21h (19h dim.)
Ancien hôpital et couvent, ce lieu austère, agrandi par Jean Nouvel, sied à merveille aux extravagances de l'art contemporain. Les Espagnols du XXe s. – Miró, Tàpies, Dalí, Picasso et son célèbre *Guernica* (1937) – y côtoient des artistes étrangers tels que Bacon, Arp et Ernst. Expositions temporaires d'envergure. Voir aussi p. 8.

★ Estación de Atocha C4
→ *Plaza del Emperador Carlos V*
***Gare** Tlj. 5h-1h **Restaurant** Tlj. 12h-0h (16h dim.)*
La première gare de Madrid (1851) et sa structure de fer, superbement transformée par Rafael Moneo en 1992, accueillent un exubérant jardin d'hiver de plus de 5 000 espèces. Le jour, on se balade dans cette nature luxuriante qui vit au rythme des départs et des arrivées ; le soir, on dîne au restaurant Samarkanda qui la domine.

MUSEO DE HISTORIA

PLAZA DEL DOS DE MAYO

CUARTEL DEL CONDE DUQUE

★ **Círculo de Bellas Artes** F4

→ *C/Alcalá, 42 Tél. 913 60 54 00* ***Expos*** *Mar.-dim. 11h-14h, 17h-21h www.circulobellasartes.com*

Ce bâtiment des années 1920, construit par Antonio Palacios, accueille les visiteurs avec une figure emblématique de Madrid : sous un lustre étincelant, le corps étendu d'une femme nue, sculpté dans le marbre. Ce Cercle des beaux-arts s'ouvre à toutes les disciplines : salle de théâtre et de concert, expositions de jeunes artistes. Au rdc, superbe bar Belle Époque (La Pecera) et, au 7e étage, terrasse dominant toute la ville pour un cocktail dans le ciel !

★ **Gran Vía** E4

La Gran Vía est à Madrid ce que Broadway est à New York ou l'avenue des Champs-Elysées à Paris : une icône glamour, grouillante, bruyante et éternelle ! Art déco, néobaroque, modernisme… les styles se mélangent et forment un beau résumé de l'architecture du XXe s. Entre autres édifices impressionnants : Metrópolis (1905), orné de cariatides, de colonnes corinthiennes et coiffé d'un dôme d'ardoise ; Telefónica (1929), qui fut avec ses 81 m le premier gratte-ciel d'Espagne. Voir aussi p. 10.

★ **San Antonio de los Alemanes** D3

→ *C/Puebla, 22*
Tél. 915 22 37 74
Visite *Lun.-sam. 10h30-14h*
Messes *Lun.-sam. 19h ; dim. 11h, 12h, 12h45*

Ne pas se fier à la façade : l'intérieur de cette église est un pur joyau baroque ! Du sol au plafond, il est entièrement couvert de fresques, comme s'il n'y avait plus de frontière entre la terre et les cieux… Élevée au début du XVIIe s., San Antonio de los Alemanes est unique à Madrid par sa forme elliptique.

★ **Palacio Longoria** F2

→ *C/Fernando VI, 4*

La façade de ce palais de 1902 conçu par le Catalan José Grases Riera évoque par sa profusion décorative le style délirant de Gaudí ! Quant aux molles corolles de marbre qui enveloppen[t] ses cariatides, elles dévoilent l'influence directe de l'Art nouveau et d'Hector Guimard.

★ **Museo del Romanticismo** E2

→ *C/San Mateo, 13*
Tél. 914 48 10 45 Mar.-sam. 9h3[0-] 18h30 (20h30 été), dim. 10h-1[5h]

Savamment disposés dans une vingtaine de salles, mobilier, bibelots et

CÍRCULO DE BELLAS ARTES

GRAN VÍA

Repère essentiel, la monumentale Gran Vía doit son cachet très nord-américain à ses néons et ses gratte-ciel du début du XXe s. À l'est, le quartier en vogue de Chueca, où fleurissent tables inventives et concept-stores. À l'ouest, celui un peu plus alternatif de Malasaña, ex-QG des artistes de la Movida, foisonnant lui aussi de restaurants, de cafés et de magasins branchés. Tranquilles le jour, avec leurs boutiques et leurs verdoyantes *cristaleras* (balcons vitrés), les rues de San Vicente Ferrer et de la Palma sont les reines de la nuit. À deux pas, "Dos de Mayo", la place rebelle, ne s'endort qu'au petit matin...

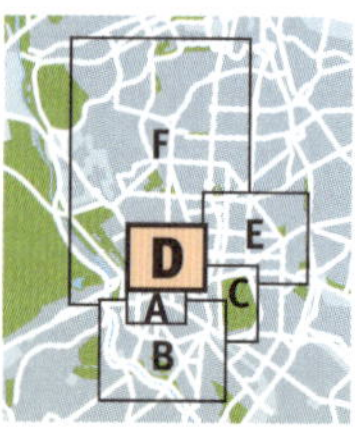

BOCAÍTO

FISMULER

RESTAURANTS, TAPAS

Bodega la Ardosa D3 1
→ *C/Colón, 13 Tél. 915 21 49 79*
Lun.-ven. 8h-2h,
w.-e. 10h-2h30 (2h dim.)
Une institution depuis 1892 ! On y partage un moment autour d'un verre et d'un *jamón ibérico*, on y mange aussi l'une des meilleures *tortillas* de la ville. Plat 8-13€.

Cocina de San Antón E3 2
→ *C/Augusto Figueroa, 24*
Tél. 913 30 02 94
Tlj. 13h-0h (0h30 ven.-sam.)
The place to be à Chueca. Au-dessus du marché, une immense terrasse *lounge*, paradis branché de la gastronomie. L'idée ? Le "cooking" : on choisit ses produits dans les étals, avant de les confier au cuisinier qui les préparera selon l'envie de chacun ! Sinon, à la carte. Plat 8-20€.

El Rincón D2 3
→ *C/Espíritu Santo, 26*
Tél. 915 22 19 86
Lun.-jeu. 9h-1h, ven.-dim. 9h30-2h (0h30 dim.)
Le bar de quartier avec la bonne humeur de ses habitués, en toute simplicité. Houmous, *pan con tomate* ou *quesadilla* en terrasse sur la joyeuse Plaza El Rastrillo. Sur la même place, le bar Ojalá ! cache au sous-sol une improbable plage ! Plat 9-14€.

El Huerto de Lucas F3 4
→ *C/San Lucas, 13*
Tél. 915 13 54 66
Lun.-ven. 12h-20h (0h jeu.-ven.), w.-e. 11h-0h (20h dim.)
Dans le "Verger de Lucas", on "cueille" ses produits chez divers producteurs locaux, rassemblés autour d'un patio où l'on s'attablera. On peut aussi commander à la carte du restaurant, qui fait honneur au bio ! Plat 10-20€.

Bocaíto E4 5
→ *C/Libertad, 6*
Tél. 915 21 53 31
Lun.-sam. 12h30-16h30, 20h-0h ; dim. 12h30-16h
Voici "le" restaurant où découvrir les subtilités de la cuisine traditionnelle espagnole. Très renommé, Bocaíto conserve une atmosphère sincère et conviviale. Plat 11-26€.

Fismuler E1 6
→ *C/Sagasta, 29*
Tél. 918 27 75 81
Lun.-sam. 13h30-16h, 20h30-23h30 (0h30 ven.-sam.)
Grandes tables en bois, lumière tamisée, cuisine inventive et rencontres assurées ! Partagé avec ses voisins d'un soir, le repas

ONI 2

LA DUQUESITA

JAVIER S. MEDINA

prend des allures de festin. Très à la mode. Concert en fin de soirée. Plat 14-19€.

CAFÉS, FLAMENCO, BARS DE NUIT

El Jardín secreto B2 7
→ *C/Conde Duque, 2*
Tél. 915 41 80 23 Été : tlj. 18h30-1h30 (2h30 ven.-sam.) ; hiver : lun.-jeu. 18h-1h, ven.-sam. 18h30-2h30, dim. 17h30-0h30
On entre dans ce café comme dans un rêve éveillé où scintillent mille lumières, pour un chocolat chaud, un jus de fruits frais ou un goûter !

Café Ajenjo D1 8
→ *C/Galería de Robles, 4*
Tél. 914 47 70 76 Sep.-juil. : tlj. 15h30-1h30 (2h ven.-sam.)
Rare et si précieux à Madrid : un endroit calme, où les conversations s'éternisent au milieu d'une déco à l'ancienne, sous des notes de jazz. Le lieu a inspiré de nombreux écrivains.

Invernadero SB B3 9
→ *C/Gran Vía, 65*
Tél. 915 40 17 29
Lun.-sam. 10h-0h (1h ven.-sam.), dim. 11h-0h
Le gastrobar du baroudeur Salvador Bachiller, où comment siroter un cocktail au beau milieu d'une jungle ! Concert le jeu.

Only You Boutique Hotel F3 10
→ *C/Barquillo, 21*
Tél. 910 05 22 22
*Tlj. 12h-23h **Lounge** Tlj. 18h-0h (ven.-sam. 1h30)*
Une autre manière de profiter de cet élégant hôtel : prendre un verre dans l'un de ses salons, dans le patio ou la bibliothèque du XIXe s., et ne rien rencontrer d'autre que du bon goût. Décor signé Lázaro Rosa-Violán.

Teatro Flamenco Madrid D3 11
→ *C/Pez, 10 Tél. 911 59 20 05*
***Spectacles** Tlj. 18h30, 20h15*
teatroflamencomadrid.com
Du flamenco dans un vrai théâtre, une première ! Le lundi, grandes stars et soirées thématiques.

Madrid me Mata D2 12
→ *C/Corredera Alta de San Pablo, 31 Tél. 609 84 75 04*
Dim.-ven. 21h-3h (3h30 ven.), sam. 20h-3h30
Un bar dont le décor se veut aussi musée, pour retrouver l'esprit rock et rebelle de la Movida madrilène, là où tout a commencé, au cœur de Malasaña !

Museo Chicote E4 13
→ *Gran Vía, 12*
Tél. 915 32 67 37
Tlj. 19h-3h (3h30 ven.-sam.)
Le plus illustre des bars à cocktails de Madrid. Grace Kelly et Ava Gardner, entre autres, ont goûté au charme de ses alcôves années 1930.

Toni 2 F3 14
→ *C/Almirante, 9*
Tél. 915 32 00 11 Tlj. 23h-6h
Sensation d'être soudainement entre amis. Le temps passe... il est 6h du matin. Un piano-bar qui rend heureux.

SHOPPING

La Duquesita F2 15
→ *C/Fernando VI, 2*
Tél. 913 08 02 31
Tlj. 8h30 (9h30 sam. ; 10h dim.)-20h30
"La Petite Duchesse" du grand pâtissier Oriol Balaguer, précieuse *pastelería* fondée en 1914.

Antigua Casa Crespo D2 16
→ *C/Divino Pastor, 29*
Tél. 915 21 56 54 Lun.-sam. 10h-13h30, 17h-20h15
Le temple madrilène de l'espadrille en corde, depuis 1863 : classiques ou "mode", hautes ou basses, et toutes de fabrication artisanale.

Popland C1 17
→ *C/Manuela Malasaña, 24*
Tél. 915 91 21 20
Lun.-sam. 11h-14h30, 17h-21h
On ne sait plus où donner de la tête dans cette caverne d'Ali Baba. Du sol au plafond, fatras de jouets, tee-shirts ou affiches aux accents kitsch pour les aficionados des années 1960 à 1980. Tout est personnalisable !

Popota D1 18
→ *C/Carranza, 9*
Tél. 918 25 09 66 Tlj. 14h-21h30 (0h ven.-sam. ; 22h dim.)
Les glaces du chef Jordi Guillem, à base de produits naturels et de première qualité. Les parfums *best of* : croissant, *gofio canario* (farine des Canaries), caroube et noisette de Reus, et la Mago Merlin (coco, banane et fruit de la passion), finaliste de la World Gelato Cup 2018 !

La Galería D2 19
→ *C/San Joaquín, 7*
Tél. 915 77 34 32
Tlj. 11h (16h lun.)-21h
12 créateurs, une adresse. À chacun son stand dans ce loft underground ultra-tendance. Déco, accessoires, vêtements.

Javier S. Medina D2 20
→ *C/Escorial, 28*
Tél. 666 00 92 40 Lun.-ven. 10h-14h, 17h-20h30 ; sam. 11h-14h
Javier manie la corde comme personne : petits paniers, fameux miroirs soleil, trophées buffalos (écolos)... Commander, puis le regarder fabriquer.

SAN ANTONIO DE LOS ALEMANES

PALACIO LONGORIA

MUSEO DEL ROMANTICISMO

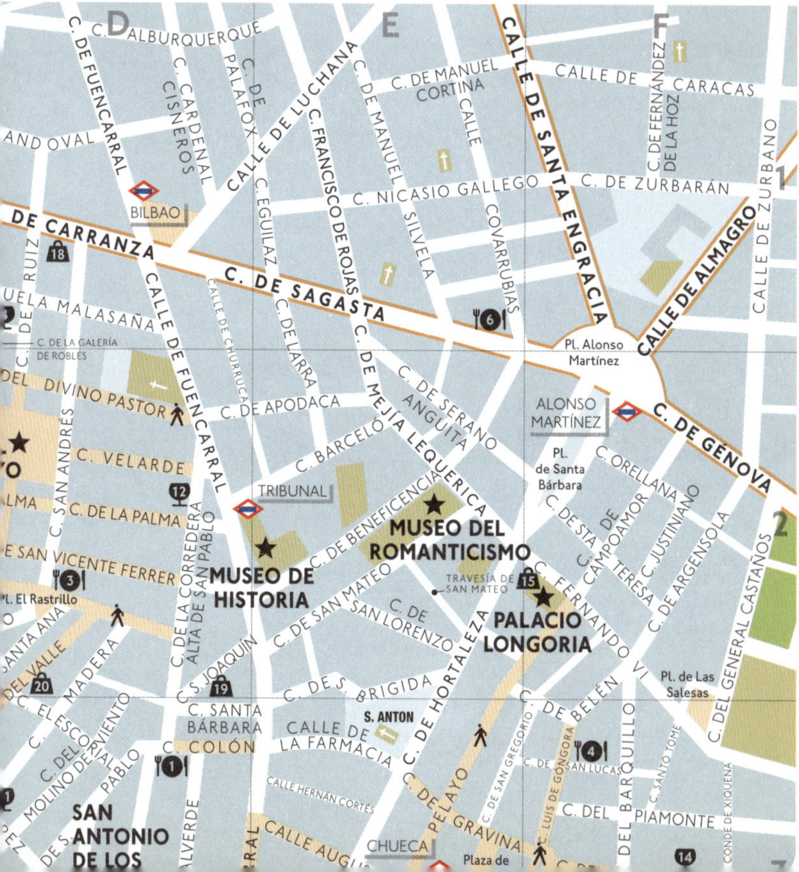

◀ Plan C

ꞀAZA DE ESPAÑA

MUSEO CERRALBO

eintures aux couleurs ves, légués par le mécène enigno de la Vega-Inclán 858-1942), ressuscitent le mantisme, mouvement tistique du XIXe s. exaltant s sentiments et la rêverie. gréable jardin.

★ Museo de Historia 2

→ *C/Fuencarral, 78*
l. 917 01 18 63
ar.-dim. 10h-20h

musée d'Histoire de la le expose plans, cartes une pièce maîtresse : maquette de Madrid en 33 ! Son portail, chef-œuvre plateresque tardif 726) de Pedro de Ribera, oule sous une abondance de moulures, d'écussons, de fruits et de cartouches.

★ Plaza del Dos de Mayo D2

La place du 2-Mai (1808), communément appelée "Dos de" par les jeunes qui s'y attroupent la nuit. Au centre, les statues, réalisées par Antonio Solá en 1822, immortalisent deux officiers d'artillerie prêtant serment de résistance aux troupes de Napoléon.

★ Cuartel del Conde Duque B2

→ *C/Conde Duque, 9-11*
Tél. 914 80 04 01 Mar.-sam. 10h-14h, 17h30-21h ; dim. 10h30-14h (horaires variables)
condeduquemadrid.es

L'ancien quartier général de la Garde royale, conçu par Pedro de Ribera au XVIIIe s., accueille concerts, rencontres littéraires et expositions d'avant-garde. Il prend toute son ampleur l'été avec les Veranos de la Villa : spectacles, festivals et cinéma en plein air.

★ Plaza de España A3

Les bâtiments franquistes des années 1950, parmi lesquels l'Edificio España, à la haute silhouette pyramidale cantonnée de pinacles, encerclent d'une manière écrasante le monument à Cervantes, érigé en 1928. La frêle statue de Don Quichotte, accompagné de son fidèle Sancho Pança, semble toujours combattre les moulins à vent...

★ Museo Cerralbo A3

→ *C/Ventura Rodríguez, 17*
Tél. 915 47 36 46 Mar.-mer., ven.-dim. 9h30 (10h dim.)-15h ; jeu. 9h30-15h, 17h-20h

En 1924, le dix-septième marquis de Cerralbo fit don à l'État de sa demeure et de ses collections, à la condition que tout restât disposé tel quel. Visite libre dans ce pêle-mêle d'objets personnels et d'œuvres d'art : vaisselle romaine, armures du XVIIe s., table de billard en marqueterie, etc.

MUSEO SOROLLA

MUSEO LÁZARO GALDIANO

★ **Plaza Colón** A3
Perchée sur une flèche néogothique (1885), la statue de Christophe Colomb pointe fièrement son doigt vers l'ouest. Hommage plus moderne : quatre lourdes masses où sont gravées à flanc de béton les péripéties du voyageur. Au-dessous, le Teatro Fernán Gómez accueille expositions, danse, concerts, théâtre.

★ **Biblioteca Nacional** A3
→ *Paseo de Recoletos, 20 Tél. 915 80 78 00* ***Musée*** *Mar.-dim. 10h-20h (14h dim.)* ***Bibliothèque*** *Visites guidées (réservation sur www.bne.es)*
La plus grande bibliothèque d'Espagne héberge un fonds bibliographique d'une valeur inestimable, ainsi qu'un musée du Livre. L'histoire de l'écriture et de la conservation du savoir (papyrus, manuscrits, gravures, etc.) s'y conte au fil de huit salles, qui se prolongent par un espace dédié aux éditions anciennes de *Don Quichotte*.

★ **Museo Arqueológico** A4
→ *C/Serrano, 13 Tél. 915 77 79 12 Mar.-dim. 9h30-20h (15h dim.)*
Très riches collections, de la préhistoire au XIXe s. : sculptures ibériques préromaines, mosaïques romaines, défense d'éléphant retrouvée dans le lit du Manzanares... Et, trésor de ce voyage dans le temps : la tête sculptée de la mystérieuse Dame d'Elche, du Ve s. av. J.-C. !

★ **Fundación Mapfre** A4
→ *Paseo de Recoletos, 23 Tél. 915 81 61 00 Lun.-sam. 10h (14h lun.)-20h, dim. 11h-19h*
À raison de trois à six expositions par an, cette fondation extrêmement ambitieuse s'offre les plus grands noms de la sculpture, de la peinture et de la photographie. Rodin, Degas ou Walker Evans ont déjà été les hôtes de ce palais ouvert en 2008.

★ **Museo de Cera** A3
→ *Paseo de Recoletos, 41 Tél. 913 19 93 30 Lun.-ven. 10h-14h, 16h30-20h ; w.-e. 10h-20h*
Plus de 450 célébrités immortalisées en statues de cire et mises en situation : la famille royale et les stars du showbiz côtoient les héros de films d'horreur ou les savants. Aussi un train fantôme, un simulateur et une vidéo de multivision pour une rétrospective fascinante de l'histoire de l'Espagne. Presque un parc d'attractions !

★ **Museo Sorolla** A1
→ *Paseo del Gral. Martínez Campos, 37 Tél. 913 10 15 84 Ma.-sam. 9h30-20h, dim. 10h-15h*

◀ Plan C

PLAZA COLÓN

BIBLIOTECA NACIONAL

MUSEO ARQUEOLÓGICO

E

Salamanca / Las Ventas

À la croisée du Madrid des Bourbons, côté Paseo de Recoletos, et du Madrid moderne, côté Paseo de la Castellana, la Plaza Colón ouvre la voie vers les boutiques luxueuses et les restaurants haut de gamme du quartier huppé de Salamanca, bâti au tournant du XXe s. Au nord, la maison au charme suranné du grand peintre Sorolla et le palais du collectionneur Lázaro Galdiano, pour une pause musée... Les aficionados obliqueront plein est, vers le quartier de Las Ventas et sa célèbre Plaza de Toros où, de mai à octobre, les plus grands toreros livrent combat sous les clameurs de la foule.

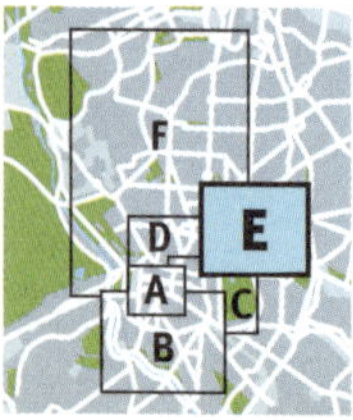

SALÓN CASCABEL

AMAZÓNICO

RESTAURANTS, TAPAS

Platea B3 1
→ *C/Goya, 5-7*
Tél. 915 77 00 25
Tlj. 12h-0h (3h ven.-sam.)
Un ancien théâtre transformé en un spectaculaire espace gastronomique, le plus grand d'Europe ! Sur 6 000 m², profusion d'ateliers-dégustation, de gastrobars, d'épiceries fines, et un restaurant de haute volée. Soir et w.-e., shows, concerts et spectacles. Pour plonger dans la frénésie madrilène...

Salón Cascabel B3 2
→ *C/Serrano, 52*
Tél. 914 32 54 90 Tlj. 13h15-23h30 0h30 ven.-sam.)
La cuisine mexicaine dans tous ses éclats ! Cocktails fluorescents, vue vertigineuse et décor futuriste... La découverte est fantastique. Plat 9-15€ (petites portions).

Bar Tomate A3 3
→ *C/Fernando el Santo, 26*
Tél. 917 02 38 70
Tlj. 8h (10h w.-e.)-2h
Le groupe Tragaluz a déjà conquis les Barcelonais, et multiplie les succès ! Cuisine méditerranéenne, pizzas et produits du marché, version branchée. DJ le w.-e. Plat 9-19€.

Los Timbales F2 4
→ *C/Alcalá, 227*
Tél. 917 25 07 68
Tlj. 13h15-17h, 20h30-0h
Proche des arènes et fréquentée par les toreros, cette *taberna* galicienne, aux murs couverts de photos de corridas, expose des *timbales*, ces tambours qui rythment les phases du combat. Plat 9-30€.

Lavinia B2 5
→ *C/José Ortega y Gasset, 16*
Tél. 914 26 05 99 Lun.-sam. 12h-16h ***Boutique*** *12h-22h*
Le plus grand caviste de Madrid (4 500 références du monde entier) loge un bar à tapas et un restaurant à l'étage : les vins accompagnent à merveille une cuisine du terroir contemporaine. Plat 12-36€.

Amazónico B4 6
→ *C/Jorge Juan, 20*
Tél. 915 15 43 32 Tlj. 13h-16h, 20h-0h ***Bar*** *13h-2h*
La belle, la luxuriante, l'enivrante Amazone ne se révélera qu'à ceux qui auront pris soin de réserver. Le Tout-Salamanca ne jure plus que par elle ! Exposition de grillades, bar japonais et autres délices d'Asie, puis, plus tard, au sous-

.EGORÍA

AGATHA RUIZ DE LA PRADA

FRINSA

sol, jazz en toute intimité. Un luxe, mais accessible. On s'apprêtera ce soir-là... Plat 15-29€.

La Castafiore A4 7
→ *C/Marqués de Monasterio, 5*
Tél. 913 19 42 21
Lun.-jeu. 13h-16h, 21h-0h ; ven.-sam. 21h30-0h30
Ah ! qu'ils sont surprenants les serveurs de cet établissement... Le soir, leurs voix puissantes résonneront en plein repas, faisant ainsi goûter aux joies de l'opéra. Quant au final... surprise ! Plus qu'un dîner à savourer, une expérience. Menu 35-50€.

CAFÉS, BARS, CLUBS, FLAMENCO

El Kiosko del Pan D2 8
→ *C/Don Ramón de la Cruz, 67*
Tél. 910 16 27 24
Lun.-ven. 8h30-20h30, w.-e. 9h-16h (15h dim.)
Une jolie petite boulangerie. Parfait pour commencer la journée avec un *pan con tomate*, pour prendre un déjeuner sain ou un goûter gourmand. Tout est fait maison. Brunch buffet le w.-e.

Café Gijón A4 9
→ *Paseo de Recoletos, 21*
Tél. 915 21 54 25
Tlj. 7h-0h (1h30 ven.-sam.)
Classée "monument littéraire", cette *tertulia* au lambris d'acajou, rendez-vous des artistes et des intellectuels depuis 1888, décerne un prix annuel de nouvelles.

Pabellón del Espejo A4 10
→ *Paseo de Recoletos, 31*
Tél. 913 19 11 22
Tlj. 8h (10h w.-e.)-0h
Superbe kiosque vitré Art nouveau, pour se désaltérer en profitant de la légendaire lumière de Madrid. L'assortiment de tapas vaut un repas.

Alegoría A4 11
→ *C/Villanueva, 2 (entrée C/Cid) Tél. 915 77 27 85 Jeu. 19h30-4h, ven.-sam. 21h-6h, dim. 18h-0h*
Un musée factice autour d'une piste de danse survoltée : tel est le spectacle que dissimule la façade anodine de ce club au décor surchargé. Les fêtards s'y déhanchent sous des toiles de "maîtres" et sur une musique dance ou latino.

Almonte C2 12
→ *C/Juan Bravo, 35*
Tél. 915 63 25 04
Tlj. 21h-5h (6h ven.-sam.)
Invité par les notes de guitare, encouragé par les claquements de talons, rassuré par la chaleur et le charme de cette petite maison andalouse... allez, en piste ! Flamenco de proximité dans un décor coloré.

SHOPPING

Viandas de Salamanca B3 13
→ *C/Goya, 43*
Tél. 910 61 60 81 Lun.-sam. 9h30-21h30, dim. 11h-21h
Implantée partout en Europe, cette célèbre marque doit son succès à son exquise charcuterie. Jambon ibérique de *bellota*, épaule de *recebo*, chorizo et *lomo*... en entier, en sandwich ou en cornet !

Mantequerías Bravo B3 14
→ *C/Ayala, 24*
Tél. 915 75 80 72 Sep.-juil. : lun.-ven. 9h30-14h30, 17h30-20h30 ; sam. 9h30-14h30
Du *jamón ibérico* au café, en passant par la truffe ou le caviar, cette épicerie fine offre depuis 1931 un tour du monde des plus délicates saveurs. S'y rendre, ne serait-ce que pour les effluves...

Agatha Ruiz de la Prada B3 15
→ *C/Serrano, 27*
Tél. 913 19 05 01
Lun.-sam. 10h-20h30
La créatrice préférée des femmes-enfants. Vêtements, linge de maison et les fameux carnets, aux couleurs toujours acidulées.

Frinsa B3 16
→ *C/Lagasca, 52*
Tél. 917 52 79 33 Lun.-sam. 9h30-20h (15h sam.)
Quand la conserve devient un produit pour gourmets ! Ventrèche d'albacore, sardines, poulpes... Que du grand cru, idéal à rapporter dans sa valise.

El Ganso B3 17
→ *C/Jorge Juan, 15*
Tél. 914 35 86 97 Lun.-sam. 10h-21h, dim. 12h-20h
Créée par deux frères madrilènes, cette marque a aujourd'hui des boutiques dans presque toutes les villes espagnoles. Mode homme et femme d'inspiration *british* chic : vestes, nœuds papillon, pulls à écusson, baskets, etc.

Panàdarío D1 18
→ *C/Alonso Heredia, 25*
Tél. 912 30 84 33
Mar.-ven. 11h-15h30, 18h-21h ; w.-e. 10h30-15h
Dans la tranquille rue piétonne, on le repère de loin à son odeur familière... Un véritable laboratoire à pain (bio), qui dispense même des cours le dimanche. Mention spéciale pour le *semillas*, un pain complet.

UNDACIÓN MAPFRE

MUSEO DE CERA

NDACIÓN JUAN MARCH

PLAZA DE TOROS DE LAS VENTAS

QUINTA DE LA FUENTE DEL BERRO

maison du peintre
ministe Joaquín Sorolla
363-1923), aujourd'hui
usée. Son mobilier,
n jardin andalou émaillé
statues et fontaines,
objets collectionnés
rant sa vie et, aux murs,
s tableaux éclatants.
iétude et ravissement !

★ Museo Lázaro aldiano B1

C/Serrano, 122
. 915 61 60 84
r.-dim. 10h-16h30 (15h dim.)
ôtel particulier (1906)
José Lázaro Galdiano
362-1947), éditeur et
llectionneur d'art. Au gré
s salons, petite histoire
l'art européen : au rdc,
la "salle des trésors" (bijoux et or) ; au 1er étage, l'art espagnol du XVe au XIXe s. et le fleuron du musée, le *Sabat des sorcières* de Goya (1798) ; au 2e étage, les écoles européennes du XIIIe au XXe s.

★ Fundación Juan March C2

→ *C/Castelló, 77 Tél. 914 35 42 40* ***Expositions*** *Lun.-sam. 11h-20h, dim. 10h-14h* ***Concerts*** *Lun.-ven. (sam. pour les enfants)*
Cette fondation d'art privée propose des expositions toujours gratuites, souvent consacrées à des artistes majeurs, comme Chagall, Kandinsky ou Picasso. Programmation très riche de concerts et impressionnante bibliothèque dédiée à la musique et à la magie.

★ Plaza de Toros de Las Ventas F2

→ *C/Alcalá, 237 Tél. 913 56 22 00* ***Visite et musée*** *Tlj. 10h-17h30 (13h30 si corrida)* ***Corrida*** *Mars-oct. : ven.-dim. (tlj. en mai)*
La troisième plus grande *plaza de toros* du monde (23 800 places), vêtue de briques et d'azulejos, bel exemple d'architecture néomudéjare. Manolete, Dominguín, Bienvenida... les plus grands matadors ont triomphé dans ces arènes. La visite guidée inclut celle du Museo Taurino, qui entretient la légende des grands toreros (habit de lumière porté par Manolete le jour de sa mort) et des taureaux les plus vaillants, dont les têtes naturalisées ornent les murs.

★ Parque Quinta de la Fuente del Berro F4

→ *C/Peñascales, s/n Tlj. 6h30-22h (oh avr.-sep.)*
Un havre de paix injustement méconnu, au cœur d'un quartier résidentiel. Commandé par Philippe IV, il était l'ancien espace de loisir royal. Aujourd'hui, ce jardin paysager dévoile allées ondulantes, étangs et fontaines, ainsi qu'un mini-palais, seule trace de son passé. Poétique...

MUSEO DE CIENCIAS NATURALES

PLAZA DE OLAVIDE

★ Paseo de la Castellana D3
L'une des plus grandes artères de Madrid (7 km, 10 voies de circulation !), et celle qui illustre le mieux son développement urbain et économique. Pour en saisir l'ampleur, grimper à bord du bus n° 27 devant la Biblioteca Nacional (**F** D5). À voir, du sud au nord : les Nuevos Ministerios (1940), austère et massif exemple d'architecture franquiste ; Azca, complexe commercial des années 1950 ; la Torre Picasso (1974), de l'architecte du World Trade Center, Minoru Yamasaki ; les Torres Kio (1996), ou Puerta de Europa, inclinées l'une vers l'autre à 14° ; la Torre Cepsa (2009), signée Norman Foster, et sa voisine Torre de Cristal, les plus hautes de Madrid (250 m). Un formidable résumé de l'architecture de la seconde moitié du XXe s. et du début du XXIe s. !

★ Estadio Santiago Bernabéu D3
→ *Av. de Concha Espina, 1*
Tél. 913 98 43 00
***Visites** Lun.-sam. 10h-19h, dim. 10h30-18h30 (sauf jour et lendemain de match)*
Un stade légendaire, temple des fameux "Merengues", joueurs du Real Madrid (élu plus grand club de foot du XXe s.). À défaut d'assister à un match, visiter le stade entraîne dans les coulisses du club : des vestiaires au terrain en passant par la salle des trophées accumulés depuis 1902. Du café, vue imprenable sur le terrain !

★ Museo de Ciencias Naturales D4
→ *C/José Gutiérrez Abascal, 2*
Tél. 914 11 13 28
Sep.-juil. : mar.-dim. 10h-17h (20h w.-e.) ; août : w.-e. 10h-15h
Fossiles, squelettes, espèces disparues, un dinosaure de plus de deux millions d'années, un *Megatherium americanum* (créature du pléistocène aux faux airs de paresseux)… Ce centre pédagogique des sciences naturelles présente aussi jusqu'à cinq expositions temporaires simultanées. À quelques rues (*Calle de Ríos Rosas, 23*), le superbe Museo Geominero (**F** C3) est une mine de pierres précieuses et autres merveilles géologiques !

★ Plaza de Olavide C
Une véritable place de village, et le cercle parfait autour duquel s'articule la vie d'un quartier, le très authentique Chamberí, et de ses commerçants. Boutiques à l'ancienne, terrasses verdoyantes, jolie fontaine et aires

CASTELLANA / TORRE EUROPA

CASTELLANA / TORRE PICASSO

Éclectiques quartiers nord ! Le long du rectiligne Paseo de la Castellana, où la voiture est reine, se déploie le monumental Madrid des affaires, dont les tours rivalisent de hauteur. C'est ici que vibre, aux exploits du Real Madrid, le fameux stade Santiago Bernabéu. À l'ouest : place à la jeunesse. D'abord l'authentique et villageois quartier de Chamberí, son marché et sa Calle de Ponzano, nouveau temple des bars à tapas. Puis la Madrid verte et universitaire, autour du Parque del Oeste. Au delà du *río* Manzanares (que l'on pourra traverser en téléphérique !), l'immense Casa de Campo, poumon vert et terrain de jeux des Madrilènes.

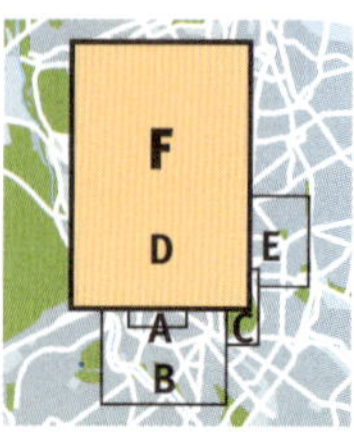

EL DOBLE

LA GABINOTECA

RESTAURANTS, TAPAS

La Chispería de Chamberí C4 1
→ *C/Alonso Cano, 10*
Tél. 914 31 35 91
Mar.-dim. 12h30-0h (2h ven.-sam. ; 17h30 dim.)
Toutes les allées de ce marché mènent à elle : une véritable "place gastronomique" entourée de six comptoirs aux cartes variées.

El Doble C4 2
→ *C/José Abascal, 16*
Tél. 914 41 47 18
Tlj. 11h30-16h, 19h-0h
Une taverne madrilène typique, très appréciée pour ses bières pression et la qualité de ses tapas. Plein de vie ! Tapa 3-9€.

Sala de Despiece C4 3
→ *C/Ponzano, 11*
Tél. 917 52 61 06 Lun.-ven. 13h-17h, 19h30-0h30 ; w.-e. 12h30-17h30, 19h30-1h
On y entre comme dans une chambre froide, avec la sensation que tout vient d'être pêché, chassé ou cueilli. Et le spectacle commence... dans le service comme dans l'assiette ! Ambiance bouillonnante. Plat (toujours du jour) 6-25€.

Mama Campo C5 4
→ *C/Trafalgar, 22*
Tél. 914 47 41 38
Mar.-sam. 13h30-16h, 20h30-0h ; dim. 13h30-16h
La champêtre Plaza de Olavide donne des envies de fraîcheur... Ça tombe bien, les patrons du Mama Campo ont parcouru le pays pendant un an pour trouver les meilleurs (éco)producteurs ! Naturellement gourmand. Plat 9-19€.

La Gabinoteca C4 5
→ *C/Fernández de la Hoz, 53*
Tél. 913 99 15 00 Lun.-mer. 13h30-16h, 20h30-23h30 ; jeu. 13h30-16h, 20h-0h ; ven.-sam. 13h30-16h30, 21h-0h30
Tout est un délice dans ce superbe atelier de création culinaire sur deux étages. Avec une pointe de malice : choisir son vin en fonction de sa personnalité, ou composer son propre dessert ! Cuisine d'auteur, 100 % saveur. Plat 9-28€.

Poncelet Cheese Bar D4 6
→ *C/José Abascal, 61*
Tél. 913 99 25 50
Mar.-sam. 13h30-16h, 20h30-0h ; dim. 13h30-16h
Bar à tapas *Mar.-sam. 12h30-0h, dim. 12h-16h*
Leurs arômes titillent dès l'entrée. À l'intérieur, la tentation est omniprésente : 150 variétés (exposées) feront le bonheur des

ALON DES FLEURS

PEPITA & GRANO

IVORYPRESS

amateurs. Brut, en tapas ou en plat, un magnifique hommage… au fromage. Plat 12-27€.

Casa Benigna hors plan D3 7
→ *C/Benigno Soto, 9*
Tél. 914 13 33 56
Lun.-sam. 13h30-16h, 20h30-23h ; dim. 13h30-16h
Faire salle comble est une constante pour les Jorge, mère et fils ! On se croirait à la mer dans cette maisonnette bleue et blanche si attachante. Sert les meilleures paellas de Madrid et ensoleille la journée. Plat 18-29€.

Zalacaín D4 8
→ *C/Álvarez de Baena, 4*
Tél. 915 61 48 40
Lun.-ven. 13h30-16h, 20h30-23h30 ; sam. 20h30-23h30
Une des grandes tables de la capitale, fréquentée même par la famille royale ! Cuisine du terroir entre tradition et innovation, dans plusieurs salons aux tons saumon. Les messieurs doivent impérativement porter une veste. Plat 25-50€.

CAFÉS, BARS, CLUBS

Salon des fleurs B4 9
→ *C/Guzmán el Bueno, 106*
Tél. 915 35 23 48
Tlj. 10h-20h (14h w.-e.)
Et si on s'invitait pour le thé chez ce ravissant fleuriste ? *Carrot cake* et tarte aux pommes pour l'accompagner, dans un cocon coquet et bucolique à souhait !

Perrachica C5 10
→ *C/Eloy Gonzalo, 10*
Tél. 917 37 77 75
Tlj. 13h-2h (service 13h-15h30, 20h-23h30)
Déco industrielle impressionnante dans ce restaurant-*coctelería* dernier cri. Selon les goûts, l'heure ou l'humeur, multiples espaces… Très en vogue. Brunch à 11h le w.-e.

Santo Mauro D5 11
→ *C/Zurbano, 36*
Tél. 913 19 69 00 Tlj. 8h-1h
Le bar de l'hôtel Santo Mauro, pour entrevoir le charme discret de cet établissement cinq étoiles, sis dans un palais XIXe s., et boire un verre dans le décor d'un film de Max Ophüls.

Suéltate el pelo C4 12
→ *C/María de Guzmán, 5*
Tél. 645 94 74 53 Mar.-jeu. 21h-3h, ven.-sam. 20h-3h30
La joie de vivre madrilène se lit dans cette petite boîte de canailles, qui viennent ici danser sans s'arrêter sur du rock espagnol ! Vraiment bon enfant.

Moby Dick C3 13
→ *Av. de Brasil, 5*
Tél. 915 55 76 71 Mer.-sam. 21h-3h (5h jeu. ; 6h ven.-sam.)
Pour du son indé, l'une des meilleures scènes de Madrid. Assez méconnu, un peu alternatif et très très libre !

Opium Madrid D4 14
→ *C/José Abascal, 56*
Tél. 692 38 38 70 Tlj. 0h-5h30
Beautiful people et salle design pour ce club chic et exclusif. Musique différente chaque soir (funk, R'n'B, salsa).

SHOPPING

Bodega Santa Cecilia C4 15
→ *C/Bravo Murillo, 50*
Tél. 914 42 35 32
Sep.-juil. : lun.-ven. 10h-14h, 17h-20h30 ; sam. 10h-14h
Depuis 1968, le concept de libre-service de vins et spiritueux fait le succès de cette enseigne, devenue une référence. Bar pour les déboucher sur place.

Pepita & Grano C4 16
→ *C/Santa Engracia, 77*
Tél. 810 52 56 01
Lun.-ven. 10h-14h, 17h-20h30 ; sam. 10h-14h, 18h-21h
Étalage de 700 graines, céréales, riz, pâtes, infusions, fruits secs, épices et autres denrées… en vrac, et souvent bio. Textures, couleurs et odeurs satisferont tous les sens. Le bon produit à la source !

Ivorypress C3 17
→ *C/Aviador Zorita, 48*
Tél. 914 49 09 61
Lun.-ven. 10h-15h, 16h-19h ; sam. 11h-14h
Cette ancienne imprimerie réaménagée par Norman Foster abrite une librairie dédiée à la photo et à l'art contemporain. Au sous-sol, un espace d'exposition de 800 m², investi par des artistes de renommée mondiale.

Real Madrid C.F. D3 18
→ *C/Padre Damián, Puerta 55*
Tél. 914 58 72 59 Lun.-sam. 10h-21h, dim. 11h-19h30
Porte 55 du stade Santiago Bernabéu : le magasin officiel du mythique Real. Sur trois niveaux et 1 500 m² se décline tout le merchandising des "Galacticos".

Ascaso D5 19
→ *C/Zurbano, 25*
Tél. 917 65 92 19 Lun.-sam. 10h-20h30, dim. 10h30-14h30
Impossible de quitter Madrid sans avoir goûté un *pastel ruso* : amande, praline et noix de cajou. Le meilleur est dans cette bomboneria, spécialisée en pâtisseries typiques depuis 1890.

MUSEO DE AMÉRICA

TEMPLO DE DEBOD

PUENTE DEL MATADERO

1. Madrid Río Exit l'autoroute, une coulée verte serpente depuis peu le long du Manzanares, la rivière madrilène : jardins, passerelles piétonnes, aires de jeux, serres tropicales, plage urbaine et pistes cyclables...

→ **Départ** *Temple de Debod*
→ **Arrivée** *Matadero / Legazpi*
→ **Distance** *6,2 km*
→ **Durée** *2 heures*

PAS À PAS

Du Templo de Debod au Puente de Segovia

La balade commence sur un promontoire au sud du Parque del Oeste, au sommet duquel trône fièrement le **Templo de Debod** (**F** B6). Très apprécié pour son panorama, le lieu donne une idée de l'étendue des espaces verts de Madrid, avec notamment le gigantesque **Casa de Campo** (**F** A6) de l'autre côté de la rivière. On descend vers le **Campo del Moro** (**A** A1), autre magnifique parc (autrefois celui du Palais royal), avant de continuer vers les bords de la rivière. Le Manzanares est un petit cours d'eau long de 92 km, qui naît dans la Sierra de Guadarrama au nord de Madrid et se jette dans le Jarama, un affluent du Tage. Si les anciens disent s'y être baignés jusque dans les années 1950, la rivière a été considérablement polluée et presque asséchée depuis. Avec le projet Madrid Río et l'enterrement de l'autoroute M-30, elle retrouve une place de premier ordre à Madrid. En contrebas du Campo de Moro, les rives ont été superbement réaménagées, avec des jardins, des pistes cyclables, des terrasses, ainsi qu'un nouveau pont piéton reliant les deux rives. Côté ouest, on fera une pause au **Café del Río** (cf. encadré), bar-restaurant dont le *rooftop* est, aux beaux jours, l'un des plus convoités ! On retraverse la rivière par une passerelle piétonne pour admirer l'**Ermita de la Virgen del Puerto** (1718), l'un des premiers exemples de l'architecture baroque en Espagne, avant d'arriver au Puente de Segovia.

Du Puente de Segovia au Puente de la Arganzuela

Cet auguste pont de granit, qui date du XVIe s., est le plus vieux de la ville ! En aval, la rivière

PLAZA DE LA VILLA

BALADE DANS LE MADRID DES HA

2. Le Madrid des Habsbourg

L'architecture et l'histoire guident cette promenade dans le Centro, façonné sous le règne des Habsbourg aux XVIe et XVIIe s.

→ **Départ** *Plaza de la Villa*
→ **Arrivée** *Casón del Buen Retiro*
→ **Distance** *9,7 km*
→ **Durée** *3 à 4 heures*

PAS À PAS

De la Plaza de la Villa à la Plaza de San Andrés

Départ de la **Plaza de la Villa** (**A** C3), ancien cœur de la ville médiévale. La **Casa de la Villa**, côté ouest, est une parfaite illustration du baroque, style dominant à l'époque des Habsbourg. Dans la venelle qui s'échappe au sud, la Calle del Cordón, se cache **El Jardín del Convento** (cf. encadré), une petite boutique où l'on trouve toutes sortes de pâtisseries artisanales élaborées dans les couvents d'Espagne. À deux pas, le **Mercado de San Miguel** (**A** C3) offre, lui, un éventail complet du terroir espagnol : une pause idéale pour un en-cas au milieu des étals ! On emprunte ensuite la très photogénique **Calle Cava de San Miguel**, dont le tracé est celui de l'ancienne muraille madrilène, démolie au XVIe s. afin de bâtir et intégrer dans la cité une nouvelle place : la Plaza del Arrabal, qui deviendra la Plaza Mayor. Vers le sud, la rue se nomme Cuchilleros puis Cava Baja et aligne vieilles tavernes et *posadas* (auberges), dont **Botín** (**A** D3), ouvert depuis 1725, ou la **Posada de la Villa** (cf. encadré) qui remonte à 1642 ! On débouche sur la **Plaza de San Andrés**, où se dressent deux beaux exemples de l'architecture baroque : l'église du même nom (XVIIe s.) et la Casa de San Isidro (XVIe s.), devenue musée.

De la Plaza de San Andrés à la Calle de la Bolsa

Direction ensuite le nord-est et la **Colegiata de San Isidro** (**B** C1), sans doute le monument baroque le plus imposant de Madrid.
On remonte la Calle de Toledo vers la **Plaza Mayor** (**A** D3), l'un des projets urbains les plus représentatifs des Habsbourg, bien que la place ait été remodelée au XVIIIe s. par Juan de Villanueva, à la suite du grand incendie de 1790. Non loin, au nº 17 de la Calle Postas, la **Posada del Peine**, une auberge d'époque, qui est toujours un hôtel (design). Poursuivre vers

ISBOURG

le nord, jusqu'au **Monasterio de las Descalzas Reales** (**A** D1), un palais du XVIe s. devenu monastère. On marchera ensuite vers la Puerta del Sol, puis la **Calle de la Bolsa**. Du temps des Habsbourg, on conservait ici le bois pour les bûchers de l'Inquisition, qui se tenaient sur la Plaza Mayor. Au n° 12, une chapelle dotée d'une superbe voûte baroque... devenue un restaurant dont le décor laisse songeur !

Dans le quartier de Las Letras

La promenade continue dans le quartier de **Las Letras**, à l'est du Centro, là où habitèrent quelques-uns des plus éminents écrivains du Siècle d'or espagnol : Miguel de Cervantès, Luis de Góngora y Argote, Félix Lope de Vega, Francisco de Quevedo... La plupart des bâtiments du quartier datent de la fin du XIXe s., mais on peut encore y trouver quelques exemples de l'architecture civile au temps des Habsbourg. On en découvrira même l'intérieur, dans l'ancienne **maison de Lope de Vega**, devenue un musée (cf. encadré). Au n° 2 de la même rue, une plaque signale que s'élevait là, jadis, la dernière maison de Cervantès. On retrouve l'ombre de l'écrivain quelques rues plus au sud, à la **Sociedad Cervantina** (cf. encadré), un centre culturel qui occupe l'ancienne imprimerie Juan de la Cuesta, où fut imprimé le fameux *Don Quichotte*, en 1605. Non loin, la petite rue de San Blas cache un autre trésor de l'époque : un cellier du XVIIe s. transformé en restaurant, **La Bodega de los Secretos** (**C** C3).

Vers le Parque del Retiro

Le Palacio del Buen Retiro ("palais de bonne retraite"), conçu sur ordre de Philippe IV entre 1630 et 1640 aux limites de la ville, était une résidence et un lieu de détente. S'il fut démoli au XIXe s., ses vastes jardins subsistent et constituent le **Parque del Retiro** (**C** E2), cher aux Madrilènes. On trouve deux vestiges de l'ancien palais, à l'ouest de la Calle de Alfonso XII : le **Salón de Reinos**, réhabilité par Norman Foster, et le **Casón del Buen Retiro** (cf. encadré), deux annexes du Prado. Ce dernier édifice abrite la bibliothèque du musée, l'une des plus importantes d'Espagne, consacrée aux arts plastiques européens du Moyen Âge à 1900. C'est ici que le *Guernica* de Picasso fut exposé lors de son retour en Espagne en 1981.

ADRESSES

El Jardín del Convento
→ *C/Cordón, 1*
Tél. 915 412 299 Mar.-dim. 11h-14h30, 17h30-20h30

Posada de la Villa
→ *C/Cava Baja, 9*
Tél. 913 661 860
Lun.-sam. 13h-16h, 20h-oh ; dim. 13h-16h

Casa-museo Lope de Vega
→ *C/Cervantes, 11*
Tél. 914 299 216
Mar.-dim. 10h-18h

Sociedad Cervantina
→ *C/Atocha, 87*
sociedadcervantina.es

Casón del Buen Retiro
→ *C/Alfonso XII, 28 Tél. 913 302 800*
Lun.-ven. 9h-14h30

TELEFÉRICO DE MADRID

CASA DE CAMPO

le jeux s'animent au ythme des habitants.

★ Museo de América B4

→ *Av. de los Reyes Católicos, 6 Tél. 915 49 26 41 Mar.-sam. 9h30-5h (19h jeu.), dim. 10h-15h*
Un musée consacré aux anciennes cultures le l'Amérique latine, et à l'histoire de l'Espagne et de ses colonies. Masques aztèques, igurines, peintures sur acre, et un codex maya elatant en images la Conquête espagnole.

★ Templo de Debod B6

→ *C/Ferraz, 1 Tél. 913 66 74 15 Mar.-dim. 10h-20h*
Surprenant, ce temple égyptien de 2 200 ans posé sur les hauteurs du Parque del Oeste ! Il fut déplacé pierre par pierre et offert par l'Égypte à l'Espagne en 1968, pour la remercier de son aide dans le sauvetage des temples d'Abou Simbel. Un lieu apprécié pour son panorama et ses couchers de soleil.

★ Ermita de San Antonio de la Florida A5

→ *Glorieta de San Antonio de la Florida, 5 Tél. 915 42 07 22 Mar.-dim. 9h30-20h*
L'ermitage où repose Goya et où, en 1798, le maître peignit l'un de ses chefs-d'œuvre : sur la coupole, une immense fresque illustrant le miracle de saint Antoine ressuscitant un homme, sous les yeux d'une galerie vivante de Madrilènes du XVIIIe s. Voir aussi p. 11.

★ Teleférico de Madrid B5

→ *Paseo del Pintor Rosales Tél. 915 41 11 18 Horaires variables selon saison et météo, voir le site : telefericomadrid.es*
Reliant le Parque del Oeste au Casa de Campo, le téléférique dévoile d'insolites perspectives sur le Palacio Real, le *río* Manzanares ou encore Nuestra Señora de la Almudena. Onze minutes de balade aérienne au-dessus de Madrid... pour mieux la comprendre et en profiter différemment. Ne pas manquer, au départ, l'impressionnante roseraie (Roselada) et ses 600 variétés de roses !

★ Casa de Campo A6

→ *Accès en téléphérique*
Ancien terrain de chasse des rois d'Espagne, cette forêt de pins gigantesque et vallonnée domine la ville et offre aux sportifs et aux promeneurs tout ce dont ils peuvent rêver : un lac pour un tour de barque, des restaurants au bord de l'eau pour un déjeuner paisible (notre préféré : La Bicicleta) et, vers le sud-ouest, un parc d'attractions et un zoo !

se resserre, ce qui a permis l'aménagement de l'étonnant **Puente Oblicuo** ("pont oblique"). Rive droite ou gauche, on longe les berges jusqu'aux passerelles métalliques **Principado de Andorra**, en forme de Y. Là, on se rend côté ouest pour éviter de côtoyer l'autoroute M-30. Passé le Puente de San Isidro, le beau **Puente de Toledo**, baroque (et superbement illuminé la nuit), marque le début du parc du Madrid Río proprement dit : l'espace s'élargit, les chemins s'entremêlent, la verdure prend peu à peu sa place... Passé deux nouvelles passerelles piétonnes, on aperçoit un tube métallique géant devenu l'emblème de Madrid Río : c'est le **Puente de la Arganzuela**, de l'architecte Dominique Perrault.

BALADE LE LONG DU MADRID RÍO

Du Puente de la Arganzuela au Matadero

Ici, les aménagements sont légion, notamment pour les enfants : colline de toboggans, tyrolienne, jungle de troncs, *skate park*, fontaine au sol et jeux d'eau, plage urbaine l'été, etc. À cette période, l'air embaume la lavande et les arbres donnent de l'ombre aux promeneurs... Quelques *chiringuitos* (bars) étendent leurs terrasses, et l'on aime à s'y attarder le soir. Au sud, passé le Puente de Praga, les ponts jumeaux de l'Invernadero et du Matadero, deux passerelles couvertes dont la voûte a été décorée par l'artiste Daniel Canogar avec des mosaïques de verre recyclé – représentant les habitants du quartier. On est à l'extrémité du parc, où se dressent le **Palacio de Cristal de la Arganzuela** (cf. encadré), immense palais de verre devenu jardin botanique, et, surtout, le **Matadero** (**B** E4), une vraie ville dans la ville ! Ces pavillons de style néomudéjar (début XXe s.) furent construits pour abriter l'abattoir de Madrid. Réhabilités dans le cadre du programme d'aménagement Madrid Río, ils sont désormais dévolus à la culture urbaine et contemporaine : Naves del Español (un café-théâtre et une scène dédiés au débat, à la réflexion), Cineteca (un cinéma consacré au documentaire), Nave de Música (studios d'enregistrement, salles de répétitions et une scène pour les concerts), Casa del Lector (centre voué aux lecteurs et à la lecture), Central de Diseño (design). Dans la cour, des marchés thématiques tous les mois. Et au fil de l'année, des expositions et des festivals ! Enfin, avis aux amateurs, la coulée verte s'étend d'El Pardo au nord de Madrid, à Getafe, au sud, sur une vingtaine de kilomètres !

ADRESSES

Café del Río
→ *Av. de Portugal, 1*
Tél. 603 127 766
Tlj. 10h-2h

Palacio de Cristal de la Arganzuela
→ *Paseo de la Chopera, 10*
Tél. 915 886 137
Mar.-dim. 9h (10h w.-e.)-14h

EL ESCORIAL

TOLEDO

Prendre le large à 1 heure de Madrid !

ALCALÁ DE HENARES

→ *À 35 km à l'est*
Train toutes les 10 min au départ de la gare d'Atocha
***Universidad** Av. Séneca, 2 Lun.-ven. 11h-14h, 16h-20h ; w.-e. 10h-15h, 16h-20h **Museo Casa Natal de Cervantes** C/Mayor, 48 Mar.-ven. 10h-18h, w.-e. 10h-19h*
La ville natale de Cervantès est devenue, au XVe s., un foyer culturel et intellectuel. Son Universidad Complutense est l'une des plus prestigieuses d'Espagne (elle a été classée au patrimoine mondial de l'Unesco). À visiter : la maison où Miguel de Cervantès vit le jour, devenue musée.

Hostería del Estudiante
→ *C/Colegios, 3 Tél. 918 88 03 30*
Mer.-sam. 13h-16h, 20h30-23h ; dim. 13h-16h
Dans l'ancien Colegio Menor de San Jerónimo (XVIe s.), où étaient jadis hébergés les étudiants, une excellente cuisine castillane : soupe à l'ail, *cocido madrileño*, *migas* (pain à l'ail frit). En dessert, se laisser tenter par la *costrada de Alcalá* (pâte feuilletée garnie de crème, d'amandes et de meringue). Réserver ! Plat 14-28€.

CHINCHÓN

→ *À 45 km au sud-est*
Bus 337 de la compagnie La Veloz, toutes les 30 min au départ du métro Conde de Casal
Ce village réputé pour sa gastronomie et ses festivals dévoile une belle Plaza Mayor, médiévale, bordée de maisons à balcons et à galeries en bois. Au retable de l'église Nuestra Señora de la Asunción, une toile de Goya ! En octobre, des arènes temporaires accueillent des corridas.

El Convento
→ *C/Huertos, 1 Tél. 918 94 08 36*
Tlj. 13h30-16h, 20h30-23h
Le restaurant du Parador de Chinchón, dans un ancien couvent du XVIIe s. Cuisine espagnole du terroir, dont un exquis riz à la perdrix. Plat 13-30€.

ARANJUEZ

→ *À 50 km au sud*
Train toutes les 15-30 min au départ de la gare d'Atocha
***Palacio Real** Mar.-dim. 10h-20h (18h oct.-mars)*
Aranjuez la baroque est marquée par l'esprit de l'*Ilustración* (les Lumières espagnoles) et son souci d'équilibre entre la nature et l'architecture. À voir : le Palacio Real, palais royal des Bourbons (XVIIIe s.), dont les jardins sur la rive du Tage cachent le Museo de Falúas Reales (gondoles autrefois utilisées pour naviguer sur le fleuve). À déguster : les fraises réputées de cette plaine fertile.

SIERRA DE GUADARRAMA

LES ÉCHAPPÉES

Casa José
→ *C/Abastos, 32 Tél. 918 91 14 88*
Mar.-sam. 13h30-16h, 21h-23h ; dim. 13h30-16h
Les légumes locaux sont les stars de ce restaurant gastronomique. Menu 55-75€, plat 15-30€.

TOLEDO

→ *À 75 km au sud-ouest*
Train toutes les heures au départ de la gare d'Atocha
Un véritable musée en plein air, classé au patrimoine mondial de l'Unesco. Chrétiens, musulmans et juifs vécurent ensemble durant des siècles dans cette "ville aux trois cultures", dont les sublimes remparts veillent sur ses palais, forteresses, églises, mosquées et synagogues.

Colección Catedral
→ *Nuncio Viejo, 1 Tél. 925 22 42 44 Tlj. 12h-23h30*
À côté de la cathédrale, on déguste la cuisine d'Adolfo Muñoz, chef reconnu. Tapas (caille et haricots) et petits plats (*risotto manchego*, hamburger de taureau). Menu 16,50€, plat 9-20€.

EL ESCORIAL

→ *À 50 km au nord-ouest*
Train toutes les 30-50 min au départ des gares d'Atocha et de Chamartín Tél. 918 90 59 03
Mar.-dim. 10h-18h (20h avr.-sep.)
Philippe II bâtit ce monastère pour commémorer la bataille de Saint-Quentin (1557), remportée contre les Français. On proclama l'Escurial "huitième merveille du monde", et aristocrates et bourgeois de Madrid firent construire leurs résidences d'été aux alentours. Musées, splendide bibliothèque et panthéon royal abritant les sarcophages des monarques espagnols des maisons de Habsbourg et de Bourbon.

Fonda Genara
→ *Plaza San Lorenzo, 2 Tél. 918 90 16 36*
Jeu.-sam. 13h-16h, 21h-23h ; dim.-mer. 13h-16h
Cuisine madrilène simple et traditionnelle. Goûter les *huevos estrellados* (œufs au plat) et le *solomillo perigordine* (filet de bœuf aux truffes). Plat 10-18€.

SIERRA DE GUADARRAMA

→ *À 70 km au nord-ouest*
Train toutes les heures vers Cercedilla, au départ de la gare de Chamartín
L'escapade à la montagne favorite des Madrilènes ! Les conditions climatiques et la faible occupation humaine ont fait de ces reliefs, protégés par un parc national, un sanctuaire de la biodiversité. Villages à voir : Lozoya, Manzanares el Real, Navacerrada, Los Molinos.

La Fábrica de Hielo
→ *Paseo Miguel Menéndez Boneta, 21, Los Molinos Tél. 918 55 03 70 Lun., mer.-jeu. 13h30-17h ; ven.-sam. 13h30-17h, 20h-23h30 ; dim. 13h-17h (août : w.-e. seulement)*
Idéal pour goûter le veau labellisé Sierra de Guadarrama et le cochon de lait au four... Plat 11-20€.

SEGOVIA

La Granja de San Ildefonso

→ *À 80 km au nord-ouest Bus toutes les 45 min au départ de la gare routière de Segovia*

Autour du Palais royal (XVIIIe s.), résidence d'été des rois d'Espagne, une petite ville paisible s'est développée, avec ses avenues rectilignes bordées de maisons seigneuriales et ses rues piétonnes.

Palacio Real de La Granja

→ *Plaza de España, 15 Tél. 921 47 00 19 Avr.-sep. : mar.-dim. 10h-20h ; oct.-mars : mar.-dim. 10h-18h* ***Jardins*** *Avr.-sep. : tlj. 10h-20h (21h juin-août) ; oct.-mars : tlj. 10h-18h*

Philippe V, premier des Bourbons sur le trône d'Espagne, commanda en 1731 la construction de ce Versailles espagnol qui, au pied des cimes de la Sierra de Guadarrama, séduit autant par la somptuosité de ses salles que par ses magnifiques jardins à la française.

Reina XIV

→ *C/ Reina, 14 Tél. 921 470 548 Mer.-ven., dim. 13h-15h30 ; sam. 13h-15h30, 20h30-22h30*

Décoration classique et cuisine locale pour cette table gastronomique réputée. Plat 10-40€.

Segovia

→ *À 90 km au nord-ouest Train toutes les 30-50 min au départ de la gare de Chamartín*

La belle Ségovie, autre ensemble urbain exceptionnel, classé au patrimoine mondial de l'Unesco. Aqueduc romain, églises romanes, cathédrale gothique, alcazar : autant de monuments qui dessinent une silhouette majestueuse dominant les terres castillanes...

La Taberna del Fogón

→ *C/Judería Vieja, 17 Tél. 921 46 62 50 Tlj. 13h30-16h30, 20h30-23h30*

Tapas et *tostas* créatives, où la gastronomie séfarade s'allie à la cuisine castillane. *Tosta* 3€.

Ávila

→ *À 115 km au nord-ouest Train toutes les heures au départ de la gare de Chamartín*

Capitale de province (celle du même nom) la plus haute d'Espagne (1 130 m), Ávila déploie ses impressionnantes murailles du XIIIe s., très bien conservées, au pied de cimes enneigées. Cette ville-forteresse, classée au patrimoine mondial de l'Unesco, regorge de palais, d'églises et de monastères. Sainte Thérèse (d'Ávila) la rendit célèbre au XVIe s. en y fondant son premier couvent de carmes réformés.

Hostería Las Cancelas

→ *C/Cruz Vieja, 6 Tél. 920 21 22 49 Tlj. 13h-15h30, 20h-22h30*

Dans le ravissant patio de cet hôtel, le restaurant sert une cuisine traditionnelle à base de viandes de la région (*chuletón de ternera*). En été, petite terrasse adossée à la cathédrale. Plat 18-24€.

CARNET PRATIQUE

Les infos essentielles pour séjourner à Madrid !

CARTE DE VISITE

- Capitale de l'Espagne
- 3,2 millions d'habitants (6,5 pour l'aire urbaine)
- Gentilé : *Madrileño/a*
- 646 m d'altitude (2e plus haute capitale européenne après Andorre)
- Cours d'eau : le *río* Manzanares
- Superficie : 608 km²
- Été chaud et sec : 28-33 °C ; hiver doux : 9-12 °C ; 300 jours d'ensoleillement/an

VUE SUR MADRID, DU HAUT DU PALACIO DE COMUNICACIONES

SUR PLACE

Bien protégé au cœur du pays, Madrid jouit d'un climat méditerranéen à influence continentale. Ainsi, les étés sont très chauds et les hivers peuvent être rudes (neige et températures négatives sont fréquentes, on est tout de même à 646 m d'altitude !). Les précipitations sont faibles en toute saison et le ciel souvent limpide... Le printemps et l'automne sont donc les saisons idéales pour visiter la capitale. Attention à la Semaine sainte, très chargée car toute l'Espagne est en vacances. Au mois d'août, Madrid se vide de ses habitants !

INTERNET

Madrid en ligne
→ *www.madrid.es*
Site de la Mairie.
→ *www.esmadrid.com*
Site de l'office de tourisme.
→ *turismomadrid.es*
Portail touristique de la communauté de Madrid.
→ *elpais.com*
Le quotidien *El País*.
→ *www.madriddiferente.com*
Agenda culturel.

Internet
La majorité des restaurants, cafés et hôtels disposent d'un accès gratuit au wifi.
Workcenter (**A** F2)
→ *C/Sevilla, 4*
Tél. 913 60 13 95
Lun.-ven. 8h-21h ; sam. 10h-14h30, 17h-20h30 ; dim. 11h-14h30, 17h-21h30

INFORMATIONS TOURISTIQUES

Office de tourisme
(**A** D3)
→ *Plaza Mayor, 27*
Tél. 914 54 44 10
Tlj. 9h30-21h30
Le principal accueil, le plus grand et le plus moderne. Nombreux points infos en ville, tout aussi bien renseignés.
Également :
→ *Estación de Atocha* (**C** C4)
Tél. 915 28 46 30
Tlj. 8h (9h dim.)-20h
→ *Estación de Chamartín* (**F** D1)
Tél. 913 15 99 76 Lun.-sam. 8h-20h, dim. 9h-14h
→ *Aeropuerto Adolfo Suárez de Madrid-Barajas T1-T4*
Tél. 913 33 82 52
Lun.-sam. 9h-20h (14h)

TÉLÉPHONE

France / Madrid
→ *00 + 34 (indicatif de l'Espagne) + n° de tél.*
Madrid / France
→ *00 + 33 (indicatif de la France) + n° de tél. (sans le 0)*
À Madrid
Fixe
→ *N° à 9 chiffres commençant par 91 ou 81*
Portable
→ *N° à 9 chiffres commençant par 6 ou 5*
Numéros utiles
Police
→ *091 ou 092*
Pompiers
→ *080*
Urgences
→ *112*
Renseignements
→ *11811, 11888, 11818, 11822*

CALENDRIER

Jours fériés
→ *1er jan., 6 jan. (Épiphanie), jeu. et ven. saints, 1er mai, 2 mai (jour de la Communauté), 15 mai (San Isidro), 15 août (Assomption), 12 oct. (fête nationale), 1er nov. (Toussaint), 9 nov. (jour de la Almudena), 6 déc. (jour de la Constitution), 8 déc. (Immaculée Conception), 25 déc.*

LA MOVIDA

Fin des années 1970. 36 années de répression culturelle, d'isolement et de dictature franquiste ont laissé place à un mouvement de contre-culture hédoniste et exubérant : la Movida. Cette libération, encouragée par le maire de Madrid, Enrique Tierno Galván, et incarnée par le cinéaste Pedro Almodóvar, s'est traduite par des années de fêtes, où folie, art et musique prirent possession des rues. Son épicentre : le quartier de Malasaña. Voir aussi page (**G**), "Sur les pas d'Almodóvar".

QUARTIERS DE MADRID ET POINTS DE REPÈRE

Janvier

Cabalgata de Reyes
→ *5 jan.*
Cortège des Rois mages entre Nuevos Ministerios (**F** D4) et Plaza de Cibeles (**C** C1).

Février

Carnaval
→ *3e sem.*
Parades et bals masqués.

Entierro de la Sardina
→ *Mardi gras*
L'enterrement de la Sardine marque la fin des carnavals et la mort de l'hiver.

ARCO
→ *Fin fév.*
Foire d'art contemporain, à la Feria de Madrid (*M° Campo de las Naciones*).

Mars-mai

Semana Santa
→ *Semaine sainte*
Processions dans le vieux Madrid (**A**).

Festimad
→ *3 sem. en avr.-mai*
www.festimad.es
Festival de musique : rock, reggae, jazz…

Día de la Comunidad
→ *2 mai*
Jour férié de Madrid. Défilé militaire sur la Plaza de la Puerta del Sol (**A** E2).

Fiestas de San Isidro
→ *Une sem. avant le 15 mai*
Verbenas (fêtes de quartier) en l'honneur du patron de la ville. Corridas quotidiennes.

Juin-août

PHotoEspaña
→ *www.phe.es*
Trois mois durant, la photo s'empare de la capitale ! Expos de photographes du monde entier, ateliers et projections nocturnes… dans toute la ville.

Madrid Orgullo
→ *Début juil., 5 j.*
www.madridorgullo.com
Le plus grand festival gay d'Europe. Défilés, stands, concerts, à Malasaña et Chueca (**D**).

Noches del Botánico
→ *Juil.*
www.nochesdelbotanico.com
Patti Smith, Pink Martini, Seal… de grands artistes s'invitent dans le cadre exceptionnel du Real Jardín Botánico Alfonso XIII (**F** A3). Et des marchés culinaires.

Mad Cool Festival
→ *3 j. en juil.*
www.madcoolfestival.es
Art urbain, gastronomie et surtout musique ! Incontournable.

Veranos de la Villa
→ *Juil.-août*
www.veranosdelavilla.com
Spectacles, cinéma et concerts en plein air.

Fiestas de San Lorenzo, San Cayetano y de la Virgen de la Paloma
→ *1re quinzaine d'août*
Verbenas, concerts, bals dans le Centro (**A**).

Novembre

Festival Jazz Madrid
→ *Tout le mois*
Concerts de jazz.

ARCHITECTURE

Madrid mudéjar
Les siècles d'occupation maure (711-1492) ont laissé des traces et un style original, inspiré de l'architecture islamique : céramique, briques rouges, arcatures en fer à cheval des portes.
Muralla Árabe (**A** A3).

Madrid des Habsbourg
En 1561, Philippe II de Habsbourg installe la Cour à Madrid. Au XVIIe s., la dynastie pare la petite cité d'édifices civils et religieux baroques, modèles du Siècle d'or.
Plaza Mayor (**A** D3), **Monasterio de las Descalzas Reales** (**A** D1)

Madrid des Bourbons
En 1700, l'avènement de Philippe V de Bourbon marque le début des grands travaux des XVIIIe et XIXe s. : construction de quartiers résidentiels et d'imposants monuments néoclassiques.
Palacio Real (**A** A1), **Museo del Prado** (**C** C3)

Madrid du XXe s.
Les immeubles prennent de la hauteur : gratte-ciel inspirés des États-Unis érigés entre 1910 et 1930 : **Gran Vía** (**D** E4). Minimalisme franquiste dans les années 1950 : **Plaza de España** (**D** A3). Style fonctionnaliste des années 1980 dans le quartier des affaires : **Puerta de Europa** (**F** D2)

Madrid du XXIe s.
Course à l'architecture "high-tech", aussi dans le quartier des affaires. **Cuatro Torres Business Area** (**F** D1)

DANS UN *TABLAO*

JOY ESLAVA, UN THEÂTRE RECONVERTI EN CLUB

LE FLAMENCO

Madrid, qui a su cultiver la plus pure tradition du *cante jondo* ("chant profond"), est aussi le berceau du *nuevo flamenco,* où se mêlent les influences du jazz, de la salsa et de la rumba.

Lieux

Concerts en plein air, restaurants, *tablao.*

Casa Patas (A F4)

→ *C/Cañizares, 10*

Une institution, pour ses dîners-spectacles !

Teatro Flamenco Madrid (D D3)

→ *C/Pez, 10*

Le premier théâtre flamenco du monde.

BUDGET

Logement

Une chambre double dans le Centro : 55-70€ (pension ou *hostal*), 90-200€ (hôtel).

Restaurants

Au déjeuner, *menú del día* très avantageux : 9-15€.

Dîner à partir de 22€.

Sortir

Une bière : 2€.

Un cocktail : 9€.

Entrée avec conso dans un club : 10-15€.

Musées

Une entrée : 3-14€.

Musées municipaux gratuits.

HORAIRES

Fermetures annuelles

→ *Attention, en août, Madrid tourne littéralement au ralenti : beaucoup de restaurants ferment 2 ou 3 semaines*

Poste

→ *Lun.-ven. 8h30-20h30, sam. 9h30-13h (seulement le matin pour certains bureaux)*

→ *Bureau du Corte Inglés Preciados Tlj. 10h-22h*

Boutiques

→ *Horaire continu fréquent dans le centre-ville : tlj. 10h-21h. Sinon, lun.-sam. 10h-14h, 17h-20h*

Musées

→ *En général, mar.-sam. 10h-19h ; dim., j. fér. 10h-14h La plupart ferment le lun.*

24h à Madrid

La matinée

À la fin d'une nuit blanche : *chocolate con churros*. Avant de partir travailler : un café noir. Le vrai petit déjeuner se prend vers 10h, debout au bar devant un croissant à la crème et un café au lait.

Le déjeuner

Vers 14h, pas avant... Les affamés pourront, dès midi, se replier sur les tapas.

La "sieste"

Le petit somme réparateur n'est plus de vigueur dans cette Espagne hyperactive ! Seules les boutiques continuent de fermer entre 14h et 17h.

L'apéritif : *de tapeo* !

À partir de 20h, il est temps de sortir *tapear* (passer de bar à tapas en bar à tapas) pour profiter de l'air des rues et de la nuit qui tombe.

Le dîner

Pas avant 21h30. Vers minuit, les restaurants se vident et les bars se remplissent.

La nuit madrilène

Vers 2h-3h (plus tôt, c'est le désert !), après la tournée des bars, suivre la *marcha* (ambiance) jusque dans les clubs.

SE RESTAURER

Établissements

Taberna, tasca, bodega

Souvent deux espaces : un bar où picorer des tapas et boire du vin, une salle à l'arrière pour les spécialités régionales.

Bar à tapas

Debout au comptoir et à toute heure, pour grignoter ces fameux amuse-gueules plus ou moins élaborés. Vaut souvent un repas.

Restaurante

Le restaurant, plus formel : service soigné, cuisine variée. Addition en conséquence !

Spécialités madrilènes

Cocido madrileño : pot-au-feu à base de viande de porc et de pois chiches, dont le bouillon est servi en entrée

Besugo al horno : daurade au four

VUE SUR MADRID, DU CÍRCULO DE BELLAS ARTES

Rabo de toro : queue de taureau au vin rouge
Callos : tripes

Lexique culinaire

A la plancha : grillé
Bocadillos : sandwichs
Jamón ibérico de Pata Negra ou *de Bellota* : les deux plus fins jambons ibériques
Mariscos : fruits de mer
Mejillones : moules
Pinchos : une variété de tapas, sur une tranche de pain
Raciones : petites portions, entre les *tapas* et le plat
Solomillo : filet de porc (*cerdo*) ou de bœuf (*ternera*)
Tapas : petites entrées variées (charcuterie, fruits de mer, légumes...), picorées à l'apéritif
Tortilla : omelette épaisse aux pommes de terre

SORTIES, LOISIRS

Programmes

Guía del Ocio
→ *www.guiadelocio.com*
En kiosque le ven.
Toute l'actualité culturelle.

EsMadrid magazine
→ *À l'office de tourisme*
Mensuel gratuit en anglais.

Réservations
→ *www.entradas.com*

Fnac (**A** E1)
→ *C/Preciados, 28*
Tél. 902 10 06 32

El Corte Inglés
→ *Tél. 902 22 44 11*

Corrida

Plaza de Toros de Las Ventas (**E** F2)
→ *C/Alcalá, 237*
Tél. 913 56 22 00
www.las-ventas.com
La saison des corridas, ou *temporada*, s'étend de mars à octobre. Elles ont lieu le dim., ainsi que tous les jours pendant les Fiestas de San Isidro.

Billetterie
→ *Tél. 655 43 04 55*
www.taquillaoficial.com

Football

Deux équipes, deux stades, deux clans !

Estadio Santiago Bernabéu (**F** D3)
→ *Paseo de la Castellana, 144*
Le stade du Real Madrid, vainqueur des Ligues des Champions 2016 et 2017 (et de loin le plus titré de la compétition).

Wanda Metropolitano
→ *Av. Luis Aragonés, 4*
M° Estadio Metropolitano, ligne 7
Celui de l'Atlético Madrid.

Billetterie
→ *Tél. 902 90 39 12*
www.spainticketbureau.com

SHOPPING

Soldes
→ *Deux fois par an.*
Hiver : fin déc.-fin fév.
Été : juil.-août.

Grands magasins, centres commerciaux

El Corte Inglés (**A** E1 et E2)
→ *Plaza del Callao et C/Preciados*
Tél. 913 79 80 00
Lun.-sam. 10h-22h, dim. 11h-21h
L'équivalent de nos Galeries Lafayette. Les Madrilènes en raffolent !

ABC Serrano (**E** B2)
→ *Paseo de la Castellana, 34*
Tél. 915 77 50 31
Lun.-sam. 10h-21h, dim. 12h-20h (dim. autorisés seulement)
Une trentaine de boutiques de mode dans les locaux d'un ancien journal.

Vintage

Pour de bonnes affaires, Malasaña est le temple de la friperie : C/Velarde (**D** D2), C/Espíritu Santo (**D** C2-D2).

AÉROPORT

Aeropuerto Adolfo Suarez Madrid-Barajas
→ *Tél. 913 21 10 00*
www.aena.es
Liaisons centre-ville
Métro ligne 8
→ *Tlj. 6h-2h Trajet 40-50 min Tarif 4,50-5€*
Bus ligne 200
→ *Tlj. 5h-23h30 Tarif 1,50€*
Vers la station de métro Av. de América (**E** D1).
Bus Express Aeropuerto
→ *Tlj. 24h/24 Tarif 5€*
Arrêts pl. de Cibeles (**C** C1) et gare d'Atocha (*6h-23h30*) (**C** C4).
Taxi
→ *Tarif unique de 30€ pour le centre*

AÉROPORT, GARES DE MADRID ET ACCÈS ROUTIERS

TRANSPORTS

Les informations relatives aux transports figurent dans les encadrés.

HÉBERGEMENT

Sauf mention contraire, les prix indiqués sont ceux d'une chambre double avec salle de bains (sdb), taxe (IVA) comprise (7 %) et sans petit déjeuner (rarement proposé). Attention, les prix varient beaucoup selon la saison (saison basse en juil.-août) et les vacances scolaires (ils peuvent alors tripler). Réservation impérative ! D'une manière générale, l'insonorisation est limitée, préférer les chambres sur cour. L'essentiel des établissements est équipé du wifi et de la climatisation.

LOCATION D'APPARTEMENTS

Chic Rental
→ *Tél. 625 57 74 93*
fr.chic-rentals.com
38 appartements de charme et lofts originaux, de 2 à 8 personnes, à partir de 70€/nuit.

AUBERGES DE JEUNESSE

Cat's Hostel Madrid (**A** F3)
→ *C/Cañizares, 6*
Tél. 913 69 28 07
www.catshostel.com
Situé en plein centre historique, un immeuble du XVIIIe s. converti avec succès en auberge privée. Les dortoirs, de 2 à 19 lits, s'articulent autour d'un patio à l'andalouse abrité par une coupole de verre. Ambiance internationale au bar. À partir de 45€ (double, avec sdb) ou 11€/pers. (dortoir, draps et petit déj. inclus).

Safestay Hostel (**D** E1)
→ *C/Sagasta, 22*
Tél. 914 45 03 00
www.safestay.com
Installée dans un bel immeuble madrilène, une auberge idéale pour qui veut profiter de la vie nocturne de Malasaña et des boutiques de Chueca. Couleurs vives et style moderne pour les chambres, salle de cinéma, et soirées rencontres le samedi ! À partir de 40€ (double, spacieuse) ou 15€/pers. (dortoir).

Mola Hostel (**A** E3)
→ *C/Atocha, 16*
Tél. 915 90 05 09
www.molahostel.com
Du lit en dortoir à la chambre double en passant par l'appartement (80€), Mola propose moult possibilités. Toutes donnent sur une place toujours très animée… Impossible d'être plus central, entre le vieux Madrid et le quartier de Las Letras. À partir de 60€ (double) ou 15€/pers. (dortoir).

Far Home Atocha (**A** F3)
→ *C/Atocha, 45*
Tél. 916 21 75 42
www.farhomehostels.com
Le groupe Far Home est gage de qualité… et cette auberge de jeunesse est particulièrement agréable ! De déco contemporaine, elle est à mi-chemin entre les musées du Madrid culturel et les places du Madrid médiéval. Cuisine et terrasse à partager dans une atmosphère cosmopolite. À partir de 52€ (double) ou 17€/pers. (dortoir).

The Hat Madrid (**A** D3)
→ *C/Imperial, 9*
Tél. 917 72 85 72

TRAIN

Chemins de fer espagnols (Renfe)
→ *Tél. 902 24 05 05*
www.renfe.es
Gares
Atocha (**C** C4)
Liaisons avec le Portugal, le centre et le sud de l'Espagne. AVE (TGV) vers Séville-Cordoue, Valence, Barcelone, Malaga, et *cercanías* (trains locaux).
Príncipe Pío (**F** B6)
→ *Paseo de la Florida*
Liaisons principalement avec la banlieue.
Chamartín (**F** D1)
→ *C/Agustín de Foxá*
Liaisons avec l'Espagne du Nord, l'Europe, Paris.

GARE D'ATOCHA

GARES ROUTIÈRES

Estación Sur
(hors plan **B** F4)
→ *C/Méndez Álvaro, 83 M° Méndez Álvaro*
Tél. 914 68 42 00
Toute l'Espagne (surtout le Sud) et destinations internationales.
Estación de Avenida de América (**E** D1)
→ *Intercambiador 9*
M° Avenida de América
Nord, Barcelone et Andalousie.

TAXIS

Taxis officiels blancs, avec une diagonale rouge et le blason de la ville sur les portières avant. Taxi libre : voyant vert sur le toit.
Tarifs
→ *Prise en charge 2,40 à 2,90€ ; tarif moyen d'une course dans le centre 6-8€*
→ *Aéroport tarif fixe 30€*
→ *Tarif nuit 21h-6h*
→ *Pourboire non obligatoire, mais toujours bienvenu*
Compagnies de taxis
Radio Taxi Asociación
→ *Tél. 914 47 51 80*
Radio Taxi Independiente
→ *Tél. 914 05 12 13*
Radio Taxi de Madrid
→ *Tél. 915 47 82 00*

VOITURES

Car2go
→ *Tél. 911 30 94 73*
www.car2go.com
Petites voitures (Smart) en libre-service dans toute la ville. Télécharger l'application. Ouverture de compte 9€, puis 0,21€/min.

www.thehatmadrid.com
Coup de cœur pour cette auberge de jeunesse à la déco industrielle, près de la Plaza Mayor. Jeune, branchée et animée, surtout sur son superbe toit-terrasse le soir. Restaurant. Réserver à l'avance ! À partir de 60€ (double) ou 19€/pers. (dortoir).

À PARTIR DE 40€

Hostal Met (**A** C2)
→ *C/Costanilla de Santiago, 2*
Tél. 918 61 69 09
www.metmadrid.com
À 200 m de la Plaza Mayor, cette *hostal* simple et coquet propose 11 chambres spacieuses, dont certaines avec balcon. Pour qui a envie d'intimité ! À partir de 44€.
Hotel Life (**D** C3)
→ *C/Pizarro, 16*
Tél. 915 31 47 44
Design scandinave, bois et tons clairs pour l'annexe du luxueux hôtel Abalú, en plein Malasaña, cœur vibrant de la ville. Parfait pour se ressourcer après la fiesta ! Agréable patio et bon rapport qualité-prix. Petit déjeuner copieux. À partir de 55€.
Hostal Benamar (**D** E2)
→ *C/San Mateo, 20*
Tél. 913 08 00 92
www.hostalbenamar.es
À cheval entre les quartiers de Malasaña et de Chueca, 19 chambres, dont certaines avec balcon, astiquées par un patron sympathique. À partir de 60€.
Hostal Alexis (**A** F3)
→ *C/Príncipe, 18*
Tél. 910 32 11 80
www.hostalalexis.com
À deux pas de l'emblématique Plaza Santa Ana, cette maison d'hôtes très bien tenue possède 16 chambres spacieuses et lumineuses, et une suite romantique meublée d'un lit rond ! L'accueil y est chaleureux. À partir de 60€.
Hostal Adriano-Adria (**A** E3)
→ *C/Cruz, 26 Tél. 915 21 13 39*
www.hostaladriano.com
Un sympathique *hostal* tout près de la Plaza Mayor. 22 chambres lumineuses, toutes différentes et aux tons acidulés. Avis aux mélomanes, la n° 14 rend hommage à la Callas... À partir de 60€.
Hostal Horizonte (**A** F3)
→ *C/Atocha, 28 (2e étage)*
Tél. 913 69 09 96
www.hostalhorizonte.com
Non loin du musée du Prado, un *hostal* installé dans un bel immeuble XIXe s. Mention spéciale pour la chambre "Alfonso XII", avec son lit à baldaquin, ou la "Marrakech", à la déco orientale. 60-75€.

AÉROPORT DE MADRID-BARAJAS

BICIMAD

MÉTRO

DEUX-ROUES

Vélos
BiciMad
→ *Tél. 915 29 82 10*
www.bicimad.com
Madrid compte 165 bornes de location de vélos électriques en libre-service. Cartes 1, 3 ou 5 jours. Tarif 2€/h, 4€/2h, 4€/h au-delà.

Scooters
Parfaits pour éviter les embouteillages.
Blafer Motos
(hors plan **E** E1)
→ *C/Clara del Rey, 17*
Tél. 914 13 00 47
www.blafermotos.com
Location 15-45€/j. pour un scooter.

Hostal Gonzalo (**C** B2)
→ *C/Cervantes, 34 (3e étage)*
Tél. 914 29 27 14
www.hostalgonzalo.com
Proche de la très vivante Calle de Las Huertas, ainsi que du Prado, un hôtel familial de 14 chambres, apprécié par les visiteurs soucieux de calme et de confort. 60-80€.

Hotel Plaza Mayor
(**A** E3)
→ *C/Atocha, 2*
Tél. 913 60 06 06
www.h-plazamayor.com
Un hôtel idéalement ancré dans le cœur de la vieille ville, occupant les appartements de l'église Santa Cruz. 41 chambres élégantes, dont six disposent d'une vue sur la Plaza de Santa Cruz. Au dernier étage, suite "Palomar" avec terrasse. 60-80€.

Praktik Metropol (**A** F1)
→ *C/Montera, 47*
Tél. 915 21 29 35
www.praktikmetropol.com
Situé sur une rue piétonne proche de la grouillante Gran Vía, cet *hostal* design sort du lot ! Chambres pimpantes et claires, la plupart donnant sur l'arrière, et terrasse panoramique. 70-160€.

À PARTIR DE 90€

Escala Ópera (**A** C1)
→ *C/Arrieta, 2, 2ª*
Tél. 639 04 64 29
www.escalaopera.com
Un hôtel dans une maison… une maison devenue hôtel… l'Escala Ópera est l'un et l'autre, mais surtout un trésor bien caché ! Situé en face du théâtre de l'Opéra, dans un bâtiment classé du XVIIIe s. À partir de 90€.

Central Palace (**A** B2)
→ *Plaza de Oriente, 2*
Tél. 915 48 20 18
www.centralpalacemadrid.com
Cette *pensión* jouit d'une position fabuleuse, en plein Madrid royal, sur la Plaza de Oriente ! Chambres claires et très spacieuses (certaines avec vue sur le Palacio Real) et d'un calme olympien. À partir de 90€.

Room Mate Mario
(**A** C1)
→ *C/Campomanes, 4*
Tél. 915 48 85 48
www.room-matehotels.com
Très couru par le monde de la mode, pour ses lignes minimalistes et ses meubles signés Starck. À 50 m du Palacio Real. À partir de 90€.

Posada del Dragón
(**A** C4)
→ *C/Cava Baja, 14*
Tél. 911 19 14 24
www.posadadeldragon.com
Superbe cadre d'une ancienne auberge du XIXe s., et authentique *corrala* d'origine ! Les chambres, toutes rénovées, s'articulent autour du patio. Restaurant de l'hôtel d'une grande qualité, sur la fameuse Cava Baja qui les aligne ! À partir de 90€.

Room Mate Óscar
(**D** E4)
→ *Plaza Pedro Zerolo, 12*
Tél. 917 01 11 73
www.room-matehotels.com
Le plus connu des hôtels Room Mate, grâce à sa piscine sur le toit-terrasse, à ses fêtes branchées et à sa position au centre de la vie nocturne de Chueca. Petites chambres originales, très lumineuses et aux couleurs vives. On s'y croirait dans les années 1960 ! À partir de 100€.

Abalú Hotel (**D** C3)
→ *C/Pez, 19 Tél. 915 31 47 44*
www.hotelabalu.com
Décor avant-gardiste pour ce ravissant boutique-hôtel, où toutes les

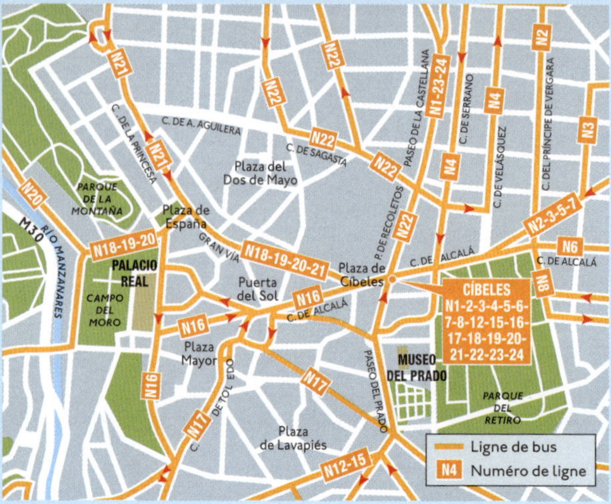

BUS DE NUIT

chambres ont leur caractère ! Original, intime, feutré et glamour... en plein Malasaña. À partir de 100€.

Petit Palace Santa Bárbara (**D** F2)
→ *Plaza de Santa Bárbara, 10*
Tél. 913 91 44 21
www.petitpalace.fr
Les "Petit Palace" se multiplient à Madrid, tant ils sont appréciés... Normal, tous ont un excellent rapport qualité-prix et sont installés dans d'anciens "palais" ou immeubles de cachet ! Celui-ci est confortable, cosy, moderne et vraiment charmant. Vélos gratuits et ordinateur dans chaque chambre. À partir de 100€.

The Walt Madrid (**D** D3)
→ *C/Barco, 3 Tél. 915 31 71 11*
www.thewaltmadrid.es
Un petit hôtel design à la fois beau, arty et rehaussé de ces quelques détails et attentions qui font toute la différence, dans le quartier le plus alternatif de Madrid, Malasaña. À partir de 100€.

PLUS DE 150€

Urso Hotel & Spa (**D** E2)
→ *C/Mejía Lequerica, 8*
Tél. 914 44 44 58
www.hotelurso.com
Entre l'hôtel de luxe et le boutique-hôtel, Urso, logé dans un palais début XXe s., est un summum de raffinement. Parfum enivrant et végétation apaisante, spa tout de bois et cuisine de chef... tout y est un délice. À partir de 180€.

ME Madrid Reina Victoria (**C** A2)
→ *Plaza de Santa Ana, 14*
Tél. 917 01 60 00
www.melia.com
Rebaptisé "ME Madrid", l'historique hôtel Reina Victoria n'a rien perdu de sa splendeur. Sa façade, d'un blanc éblouissant, et ses vitres bleutées, reflétant le ciel de Madrid, restent un emblème de la capitale. Quant à ses 192 chambres au goût du jour, elles séduisent les stars du showbiz. La terrasse accueille The Roof, un club à la mode. 180-300€.

Only You Boutique Hotel (**D** F3)
→ *C/Barquillo, 21*
Tél. 910 05 22 22
www.onlyyouhotels.com
L'hôtel le plus branché de Madrid dans le quartier le plus hype ! Une décoration signée Lázaro Rosa-Violán, où chaque chambre a son âme. Lounge, patio, terrasse, bibliothèque-*coctelería* et excellent restaurant... À partir de 200€.

TRANSPORTS EN COMMUN

Bus
→ *Tél. 902 50 78 50*
www.emtmadrid.es
Tlj. 6h-0h env.
Toutes les 10-15 min

Bus de nuit
→ *Dim.-jeu. 23h15-5h30 (toutes les 35 min), ven.-sam. 22h45-7h (toutes les 20 min)*
27 lignes.
Départ Plaza de Cibeles (**C** C1).

Métro
→ *Tél. 902 44 44 03*
www.metromadrid.es
Tlj. 6h-2h Toutes les 3-5 min (toutes les 10-15 min après 22h)
12 lignes.

Metro ligero
→ *www.melimadrid.es*
Tlj. 6h-1h30
Toutes les 5 min
3 lignes de métro-tramway, en souterrain et en surface.

Tickets
→ *À l'unité : bus 1,50€ ; métro : 1,50€ pour 5 stations, puis 0,10€ par station supplémentaire (max. 2€)*
→ *Carnet 10 voyages 12,20€*
→ *Abonnements touristiques de 1 à 7 j. : de 8,40-35,40€ pour le centre-ville (enfants 4-11 ans : 4,20-17,70€)*
→ *Abonnement 30 jours : 54,60€ pour le centre-ville (-de 26 ans : 20€)*

Achat des tickets
Dans les stations de métro et, pour les carnets uniquement, dans les tabacs (*estancos*). Attention : les tickets achetés à bord d'un bus ne valent que pour le bus.

LEXIQUE

Expressions utiles

Oui : Sí
Non : No
Bonjour : Buenos dias
Salut : Hola
Au revoir : Adiós
Comment allez-vous ? : ¿Qué tal ?
Je vais bien : Estoy bien
S'il vous plaît : Por favor
Merci : Gracias
Je vous en prie : De nada
Excusez-moi : Perdone
Je suis français(e) : Soy francés(a)
Je ne parle pas l'espagnol : No hablo español
Je ne comprends pas : No entiendo
Combien coûte... ? : ¿Cuánto cuesta... ?
Y a-t-il... ? : ¿Hay... ?
Où est... ? : ¿Dónde está... ?
Je cherche... : Estoy buscando...
Je voudrais... : Quisiera...

Temps et chiffres

Aujourd'hui : Hoy
Hier : Ayer
Demain : Mañana
Matin : Mañana
Après-midi : Tarde
Soir : Tarde
Quelle heure est-il ? : ¿Qué hora es ?
Il est 20h30 : Son las ocho y media
À midi : Mediodía
À minuit : Medianoche
Lundi : Lunes
Mardi : Martes
Mercredi : Miércoles
Jeudi : Jueves
Vendredi : Viernes
Samedi : Sábado
Dimanche : Domingo
Un : Uno
Deux : Dos
Trois : Tres
Quatre : Cuatro
Cinq : Cinco
Six : Seis
Sept : Siete
Huit : Ocho
Neuf : Nueve
Dix : Diez
Onze : Once
Douze : Doce
Treize : Trece
Quatorze : Catorce
Quinze : Quince
Seize : Dieciséis
Dix-sept : Diecisiete
Dix-huit : Dieciocho
Dix-neuf : Diecinueve
Vingt : Veinte
Cent : Cien
Mille : Mil

Transports et repères

Métro : Metro
Bus : Autobús
Arrêt de bus : Parada de autobús
Bateau : Barco
Taxi : Taxi
Station de taxis : Parada de taxis
Car : Autocar
Train : Tren
Gare : Estación de tren
Gare routière : Estación de autobuses
Vélo : Bicicleta
Voiture : Coche
Rue : Calle
Place : Plaza
Tour : Torre
Maison : Casa
Pont : Puente
Ville : Ciudad
Château : Castillo
Marché : Mercado
Colline : Colina
Musée : Museo
Église : Iglesia
Épicerie : Tienda de comestibles
Fleuve : Río
Mairie : Ayuntamiento
Office du tourisme : Oficina de turismo
Trajet : Trayecto
Plan, carte : Plano
Proche : Cerca
Loin : Lejos
Entre : Entre
En face : Enfrente
Devant : Delante de
Derrière : Detrás de
À côté de : Al lado de
À gauche : A la izquierda
À droite : A la derecha
Tout droit : Todo recto
Tournez à droite : Girar a la derecha
Je me suis perdu : Me he perdido
Adulte : Adulto
Enfant : Niño
Aller simple : Billete de ida
Aller-retour : Ida y vuelta

Signalétique

Entrée : Entrada
Sortie : Salida
Ascenseur : Ascensor
Escalier : Escalera
Pousser : Empujar
Tirer : Tirar
Rez-de-chaussée : Planta baja
Premier étage : Primera planta
Toilettes : Servicios
Hommes : Hombres
Femmes : Mujeres
Interdit : Prohibido
Ouvert : Abierto
Fermé : Cerrado

Hébergement

Auberge de jeunesse : Albergue juvenil
Chambre simple / double : Habitación individual / doble
C'est complet : Está lleno
Douche / baignoire : Ducha / bañera
Drap : Sábana
Oreiller : Almohada
Couverture : Manta
Je voudrais réserver une chambre : Quisiera reservar una habitación

Restauration

Avez-vous une table pour deux ? : ¿Tienen una mesa para dos ?
L'addition s'il vous plaît : La cuenta, por favor
Sur place : Para comer aquí
À emporter : Para llevar
Café au lait : Café con leche
Jus d'orange : Zumo de naranja
Vin rouge / rosé / blanc : Vino tinto / rosado / blanco
Bière : Cerveza
Eau du robinet : Agua del grifo
Entrée : Entrada, primer plato
Plat principal : Segundo plato
Plat du jour : Plato del día
Dessert : Postre
Carte : Carta

High-tech

Accès wifi : Acceso Wifi
Mot de passe : Contraseña
Téléphone : Teléfono
Ordinateur : Ordenador

Argent

Argent : Dinero
Prix : Precio
Gratuit : Gratuito
Tarif réduit : Entrada reducida
Distributeur : Cajero automático
Carte de crédit : Tarjetas de crédito

PRONONCIATION

E : [é]
U : [ou]
Ñ : [gn]
G : [gu] ou [r] guttural devant e
C : [k], [th] anglais devant e
Ch : [tch]
ll : [l] mouillé
J : [r] dur guttural
S : [ss]
V : [b]
X : [j]
Z : [th] anglais

Les noms de rues et de lieux de visite, classés par ordre alphabétique, sont suivis d'un carroyage, dont la lettre en gras **A, B, C...** indique le quartier et la carte correspondante. L'étoile ✪ renvoie aux "Incontournables", pages 2 à 11.

Rues

Monuments et lieux de visite

RED DE METRO Y METRO LIGERO *Metro and Light Rail Network*

Metro

- 1 Pinar de Chamartín – Valdecarros
- 2 Las Rosas – Cuatro Caminos
- 3 Villaverde Alto – Moncloa
- 4 Argüelles – Pinar de Chamartín
- 5 Alameda de Osuna – Casa de Campo
- 6 Circular
- 7 Hospital del Henares – Pitis
- 8 Nuevos Ministerios – Aeropuerto
- 9 Paco de Lucía – Arganda del Rey
- 10 Hospital Infanta Sofía – Puerta del Sur
- 11 Plaza Elíptica – La Fortuna
- 12 MetroSur
- R Ópera – Príncipe Pío

Metro Ligero

- 1 Pinar de Chamartín – Las Tablas
- 2 Colonia Jardín – Estación de Aravaca
- 3 Colonia Jardín – Puerta de Boadilla

www.metromadrid.es

Síguenos en *Follow us on*

SIMBOLOGÍA - *Key*

- Estación accesible / ascensor – *Step-free access / lift*
- Transbordo corto – *Metro interchange*
- Transbordo largo – *Metro interchange with long walking distance*
- Cambio de tren – *Change of trains*
- Metro Ligero – *Light Rail*
- Cercanías – *Suburban railway*
- Autobuses interurbanos – *Suburban buses*
- Autobuses largo recorrido – *Interegional bus station*
- Terminal Autobuses nocturnos – *Night bus line terminal*
- Autobús Exprés Aeropuerto – *Airport Express Bus*
- Estación de tren – *Railway station*
- Aeropuerto / *Airport* – Adolfo Suárez Madrid-Barajas
- ZONA A / ZONA B1 – Zonas tarifarias – *Fare zones*
- ATENCIÓN A LA TARIFA – Validación a la SALIDA – *PAY THE RIGHT FARE* – *Ticket checked at the EXIT*
- Oficina de gestión tarjeta transporte público – *Public Transport Card Office*
- Centro de Información – *Customer Service*
- Objetos perdidos – *Lost and found*
- Bibliometro – *Metro Library*
- Productos Oficiales Metro – *Official Metro merchandising*
- Aparcamiento disuasorio gratuito – *Free Park and Ride*
- Aparcamiento disuasorio de pago – *Paid Park and Ride*
- Estacionamiento de bicicletas – *Bicycle parking*
- Espacio Histórico de Metro – *Historic Space of Metro*